GÜTERSDIE
LOHERVISION
VERLAGSEINER
HAUSNEUENWELT

KINDER GOTTES DIENST 2019

Mit Kindern Glauben feiern und verstehen

praktisch

Eine Arbeitshilfe zum Plan für den Kindergottesdienst

Herausgegeben von Eva Forssman

unter Mitarbeit von Susanne Betz, Annette Deyerl, Doris Dirwald, Christine Grans, Karin Lechner, Janine Lobenhofer, Gottfried Mohr, Adelheid Neserke, Susanne Paetzold, Katrin Rouwen, Dirk Schliephake, Ute Christa Todt und Christine Wolf

GÜTERSDIE
LOHERVISION
VERLAGSEINER
HAUSNEUENWELT

Bibliografische Information der Deutschen Nationalbibliothek
Die Deutsche Nationalbibliothek verzeichnet diese Publikation in der Deutschen Nationalbibliografie; detaillierte bibliografische Daten sind im Internet über https://portal.dnb.de abrufbar.

klimaneutral
powered by ClimatePartner°
Druck | ID 12559-1708-1001

FSC
www.fsc.org
MIX
Papier aus verantwortungsvollen Quellen
FSC® C005833

Verlagsgruppe Random House FSC® N001967

1. Auflage

Umschlagmotiv: © Michaela Steininger – Fotolia.com
Notensatz: Susanne Höppner, www.notensetzerin.de
Druck und Einband: Těšínská tiskárna, a.s., Český Těšín
Printed in Czech Republic
ISBN 978-3-579-07495-5

www.gtvh.de

Inhaltsübersicht 2019

Folgende Liederbücher finden im Rahmen der Kindergottesdienstarbeit immer wieder Verwendung. Auf sie wird innerhalb einzelner Beiträge hingewiesen:

KG	Andreas Ebert, Das Kindergesangbuch …, München 1998
KiKiHits	Reinhard Horn u.a., Kinder-Kirchen-Hits, Lippstadt 2008
KIMMIK 1 u. 2	Liederheft *Kirche mit Kindern* (KIMMIK 1 und 2), Arbeitsstelle Kindergottesdienst der Ev. Kirche Hannover, Hildesheim
KAA	Kommt, atmet auf. Evangelisches Gesangbuch für die Gemeinde, Birnbach 2011
KUS	Kommt und singt. Liederbuch für die Jugend, 3. Aufl., Gütersloh 2018
LH 1 u. 2	Liederheft für *Kirche mit Kindern* 1 und 2. Arbeitsbereich Kindergottesdienst im Michaeliskloster Hildesheim
LZHE	Lieder zwischen Himmel und Erde, 6. Aufl., Düsseldorf 2011

Vorwort

Liebe Mitarbeitende in der Kirche mit Kindern,

In diesem Jahr durfte ich wieder einen großen Sack mit Materialien für Sie packen. Die Materialien für die Kindergottesdienste im Jahr 2019 sind so vielfältig, dass wir Ihnen gerne wieder anbieten, Zusatzmaterial aus dem Internet herunterzuladen. Im Buch weist das Symbol darauf hin, dass auf der Website www.kindergottesdienst-praktisch.de farbige Fotos, Bastelanleitungen, Kopiervorlagen und weitere liturgische und kreative Ideen zu finden sind.

Menschen aus der Kirche mit Kindern in ganz Deutschland haben mit Liebe und Kreativität bunte Gottesdienste für Kinder entwickelt, immer entlang dem »Plan für den Kindergottesdienst«, den der Gesamtverband verantwortet. Schon das Überfliegen macht Lust, die Ideen im eigenen Praxisfeld umzusetzen. Möge Ihnen und Ihren Kindergottesdiensten dieses kleine Büchlein von großem Nutzen sein.

Der Entwurf von Annette Deyerl lädt ein, die Versöhnung zwischen Menschen in der Form eines Kalenders zum Jahresthema zu gestalten. Gottfried Mohr entwickelt eine stachlige Igelgeschichte zum Thema Wut. Ute Christa Todt zeigt, wie man einen Sternenhimmel aufgehen lassen kann. Susanne Paetzold richtet einen Erzähl-Ort ein, Dirk Schliephake bietet ein Gebet mit Nüssen an. Janine Lobenhofer entwickelt Tobespiele zum Thema. Karin Lechner, Kathrin Rouwen und all die anderen beschenken uns reich mit Kurzgeschichten, Anregungen zu Spielen und Liedern und vielem mehr.

Mein herzlicher Dank geht natürlich auch an alle anderen, die an diesem Band mitgewirkt haben, für ihre Ideen, ihr Engagement, ihre Zeit und für ihre Geduld.

Allen Mitarbeitenden der Kirche mit Kindern wünsche ich viel Freude beim Entdecken, Auswählen und Durchführen. Möge Gottes Segen auf Ihren Gottesdiensten und Aktionen liegen, gebe Ihnen sein Geist Fröhlichkeit, Schwung und Würze.

Ihre
Eva Forssman, Herausgeberin

Jesus in der Mitte

13.01.2019
(1. Sonntag nach Epiphanias)
Hochzeit zu Kana
(Johannes 2,1-12)

20.01.2019
(2. Sonntag nach Epiphanias)
Am Tisch mit den Sündern
(Markus 2,13-17)

27.01.2019
(3. Sonntag nach Epiphanias)
Die Speisung der Vielen
(Johannes 6,1-15)

Die didaktische Klammer

Gerade haben wir Weihnachten gefeiert und Epiphanias liegt hinter uns. Mit dem »Fest der Erscheinung« – mit der Epiphanie ist die Erscheinung Gottes im Kind in der Krippe gemeint – ist die Kindheit Jesu hinsichtlich der biblischen Erzählungen so gut wie abgeschlossen. Die Evangelien kennen neben dem 12-jährigen Jesus im Tempel vor allem den erwachsenen Wundertäter und Prediger. In den drei Erzählungen, die jetzt am Anfang des Jahres stehen, finden wir Jesus immer inmitten von Menschen, inmitten von unterschiedlichen Gruppen: Bei einer Hochzeit sorgt er dafür, dass die Feier nicht vorzeitig zu Ende geht, indem er Wasser in Wein verwandelt. Das erste Wunder, das Jesus nach dem Johannesevangelium tut, zeigt, dass in Jesu Gegenwart die Freude nicht aufhört. Gemeinschaft mit Gott und mit Menschen stiftet Jesus im Matthäusevangelium in besonderer Weise beim gemeinschaftlichen Essen, indem er auch die wertschätzt, die Schuld auf sich geladen haben. Durch Jesus erfahren auch sie Gottes Zuwendung.

Auch in Johannes 6 spielt das gemeinschaftliche Essen eine große Rolle. Jesus nimmt die Gabe eines Kindes (fünf Brote und zwei Fische) an und teilt aus. Dabei macht er seinen Freunden und Freundinnen deutlich, dass das scheinbar Wenige für alle reicht, ja, dass mehr als genug vorhanden ist, wenn wir Gottes Gaben dankbar empfangen und austeilen.

In Gottesdiensten mit Kindern können wir den Gedanken betonen, dass Jesus in unterschiedlicher Weise Gemeinschaft stiftet. Gemeinschaft entsteht, wo zwei oder drei in seinem Namen versammelt sind (Eingangsvotum). Wenn Jesus einlädt wie in Markus 2 und Menschen seinem Ruf folgen, erleben sie die Chance von Umkehr und Neubeginn (Kyrie). Gemeinschaft mit Gott befreit uns zu Freude und Dankbarkeit, die im gemeinsamen Gotteslob seinen Ausdruck finden kann (Gloria). Weil Jesus selbst das Brot des Lebens ist, erleben wir in der Mahlfeier, dass wir aus der Fülle leben dürfen. Im gegenseitigen Geben und (An-)Nehmen können wir zu einer Gemeinschaft zusammenwachsen, die in Jesus Christus begründet ist.

Zusammenkommen – sich Gott zuwenden

Votum mit Gesten

(Zu Beginn stehen wir im Kreis)
Wir feiern Gottesdienst im Namen Gottes
Aus seiner Fülle leben wir.
(Wir beugen uns nach vorne und schöpfen mit beiden Händen wie aus einer Quelle und gießen uns die imaginäre Segensfülle über den Kopf)
Im Namen Jesu. Er füllt uns die Hände.
(Wir halten unsre Hände wie eine Schale vor die Körpermitte)
Im Namen des Heiligen Geistes, der Kraft, die uns miteinander verbindet.
(Wir legen unsere rechte Hand dem/der Nächsten auf die Schulter.)

Psalmübertragung nach Psalm 105,1

Für den 2. Sonntag nach Epiphanias ist als Wochenpsalm Psalm 105,1-4 vorgeschlagen. Vers 1 kann an jedem Sonntag der Einheit folgendermaßen gestaltet werden: Mit dem Liedruf »Hallelu-, Hallelu-, Hallelu-, Halleluja, preiset den Herrn«, aus: Kommt und singt. Liederbuch für die Jugend, 3. Aufl., Gütersloh 2018, S. 226 (KUS), rahmen wir mit den Kindern das Psalmwort, das von einer/einem gesprochen wird:
Dankt Gott und wendet euch ihm zu im Gebet.
Preiset seine Güte und erzählt allen Menschen,
was er Gutes an uns getan hat.
(*Weiterdichtung von der Autorin*)

Kyrie und Gloria

Gott, in deinem Haus sind alle willkommen, weil du die Menschen liebst. Wir dagegen wägen ab und schließen aus: Der ist uns zu arm, die ist uns zu klein, der ist uns zu dumm, die ist uns zu zickig. Gott, vergib uns unser schnelles Urteil. Schenke uns Herzen, die lieben können, so wie du uns liebst. Wir rufen zu dir: Herr, erbarme dich (Herr, erbarme dich, EG 178.11, oder ein anderes Kyrie)

Zuspruch: Gott sagt: Ich schenke euch ein neues Herz und lege einen neuen Geist in euch (Ezechiel 36,26).

Gott, weil du uns lieb hast, kann Liebe auch in unseren Herzen wachsen.
Hab Dank für die Gemeinschaft, die du uns schenkst. Dich loben wir. Amen.
(Halleluja, EG 181.5, oder ein anderes Gloria)

Hören und Antworten

Das gemeinsame Singen eines bekannten Liedes stiftet Gemeinschaft. Nach der Erzählung des jeweiligen Sonntags singen wir den Liedvers (Melodie »Bei Jesus sind wir heut zu Gast«, KiKiHits, Nr. 34):
Bei Jesus sind wir heut zu Gast, weil er uns eingeladen hat.
Aus seiner Fülle schöpfen wir. Es reicht für alle, dort und hier.
Wir teilen Brot, Halleluja, und spüren: Christus ist uns nah.

Weitere Liedideen
Ein jeder kann kommen (KUS 192)
Einfach spitze, dass du da bist (KUS 193)
Wir kommen heut zusammen (KUS 202)
Wo zwei oder drei in meinem Namen versammelt sind (KUS 190)
Wir singen vor Freude, das Fest beginnt (KUS 184)
Lied zu Johannes 6: Fünf Brote und zwei Fische, Das Liederbuch zum Umhängen, Münster 2013, Nr. 24

Feiern – Teilen

In allen drei Geschichten ist von besonderen Mahlfeiern die Rede. Nach der Geschichte aus Johannes 2 füllen wir aus einem großen Krug kleine Becher mit Traubensaft und stoßen mit allen Kindern an.
Nach der Geschichte aus Markus 2 essen wir »Gesundes«: Wir tunken Möhren-, Kohlrabi- und Paprikastreifen in eine gemeinsame Schüssel mit Kräuterquark.
Nach Johannes 6 teilen wir fünf (selbstgebackene) Brötchen und reichen eine kleine Schüssel »Fischli«-Salzgebäck herum – bei Jesus waren die Fische auch gesalzen und getrocknet.
Vor dem Essen sprechen wir jedes Mal ein Dankgebet. Es kann immer das gleiche sein, z.B. »Segne, Vater, diese Speise, uns zur Kraft und dir zum Preise.« Ein gesungenes Tischgebet ist das Lied »Gott deckt uns den Tisch« von Bastian Basse, veröffentlicht in: was+wie. Kinder religionspädagogisch begleiten, 46. Jahrgang, Heft 1 / 2017, S. 15. Nach dem Essen singen wir das Lied: Wir sind eingeladen zum Leben, unser Gastgeber ist Gott (KUS 185)

Kurzgeschichte

Zwei Mitarbeitende in der »Kirche mit Kindern« unterhalten sich anhand eines Fotoalbums über den Weg vom Kind im Bauch der Mutter bis zur Konfirmation. Die Geschichte beleuchtet im Fortgang die Tatsache, dass wir über Jesu Kindheit und Jugend kaum etwas wissen, und möchte eine Brücke zwischen Weihachten und den Erwachsenen-Geschichten über ihn sein.

Marie (z.B. eine junge Erwachsene) und Timo treten auf.

M: Hi, Timo! Guck mal, was ich beim Aufräumen gefunden habe: ein Fotoalbum!

T: Ein Fotoalbum? Sind da Bilder von dir drin, Marie?

M: Ja, meine Oma hat Fotos gesammelt und mir zur Konfirmation dieses Album gemacht.

T: Das ist ja cool! Zeig mal her!

Marie gibt Timo das Fotoalbum, beide gucken hinein.

T: Was ist das denn für ein komisches Schwarz-Weiß-Bild hier auf der ersten Seite?

M: Das bin ich, als ich noch bei meiner Mutter im Bauch war. Das ist ein Ultraschallbild.

Timo blättert um.

T: Ach, wie süß! Da bist du grade ein paar Stunden alt. Wie winzig kann so ein Mensch sein …!

Timo blättert weiter und lacht.

T: Und hier sitzt ein molliges Baby in der Badewanne. Du hast schon damals gerne gebadet, oder?

M: Na klar! Ich war schon immer eine Wasserratte. Schau, dazu passen die Bilder von meiner Taufe, die jetzt kommen. Hier stehen wir alle um den Taufstein herum: Mama, Papa, Omi und meine Paten Hans und Georg. Und die Pfarrerin hat mich auf dem Arm.

T: Und hier auf der nächsten Seite kommst du schon in den Kindergarten. Und schwupps: Schulanfang: Klein Marie mit Schultüte!

M: Und mit Zahnlücke! Schau, und hier waren wir das erste Mal auf Klassenfahrt in der dritten Klasse. Da hatte ich abends immer ein bisschen Heimweh …

Timo blättert weiter.

T: Auf dem Bild stehst du vor dem Gymnasium – Schulwechsel?

M: Ja, gut, dass Finja mitgekommen ist. Da hatte ich wenigstens gleich eine Freundin in der neuen Schule.

T: Und was ist das für ein Gruppenbild auf der letzten Seite? Bist du da auch drauf? Alle so edel angezogen!

M: Das ist meine Konfi-Gruppe. Der Fotograf hat das Bild direkt vor dem Gottesdienst gemacht, in dem wir eingesegnet wurden. Deswegen sind alle so schnieke. Das war schon ein toller Tag …

T: Sag mal, Marie, meinst du, die Oma von Jesus hätte ihm auch so ein Album gemacht, wenn es damals schon Kameras gegeben hätte?

M: Bestimmt!

T: Aber so viel wissen wir gar nicht über Jesus, als er klein war. Vor zwei Wochen an Weihnachten haben wir seinen Geburtstag gefeiert – mit Krippe, Liedern und Tannenbaum. Und heute geht es mit Geschichten weiter, in denen er schon erwachsen ist.

M: Hmmm, du hast recht, Timo. Ich kenne tatsächlich nur eine Geschichte und da ist Jesus 12 Jahre alt. Die Geschichte, als seine Eltern dachten, Jesus sei verloren gegangen.

T: Ach ja, die kenne ich auch. Die Eltern suchen ihn ewig und finden ihn schließlich im Tempel.

M: Ja, genau. Jesus im Tempel bei seinem himmlischen Vater. Der war schon als Kind Gott ganz nah.

T: Ich bin jetzt gespannt, wie's weitergeht. Wir haben zwar kein Fotoalbum von Jesus, aber viele spannende Geschichten in der Bibel.

Kreative Ideen

1. Sonntag nach Epiphanias

Glückwunschkarte

Wir gestalten mit dem Lied »Viel Glück und viel Segen« eine Glückwunschkarte (*siehe Vorlage*).

Fotos: © Adelheid Neserke

Material: Papier mit Notenlinien (großer Abstand), Streu-Deko-Herzen, Flüssigkleber, schwarzer Filzstift, Liedvorlage »Viel Glück und viel Segen«, aus: Kommt und singt. Liederbuch für die Jugend, Gütersloh 2015, S. 492.

Zuerst malen wir einen Violinschlüssel an den Anfang der Notenlinien. Dann legen wir die Herzen als Noten auf das Notenpapier und orientieren uns dabei an der Liedvorlage. Nun schreiben wir den Textanfang unter die Herzen und verschieben sie dabei so, dass der Text darunter passt. Zum Schluss kleben wir die Herzen mit Flüssigkleber fest.

Brautstrauß-Spiel

Bei Hochzeiten gibt es die Tradition, dass die Braut ihren Brautstrauß in die Menge wirft. Der Fänger oder die Fängerin steht als Nächste vor dem Traualtar.
Für das Spiel brauchen wir einen kleinen (Seiden-)Blumenstrauß. Die Kinder stehen im Kreis und blicken in die Kreismitte. Ein Kind spielt die Braut und geht außen um den Kreis. Die Braut hält den Blumenstrauß in der Hand. Diesen lässt sie hinter einem Kind auf den Boden fallen. Gleich danach läuft die Braut so schnell wie möglich um den Kreis. Das Kind, hinter dem der Blumenstrauß gelandet ist, läuft ihr hinterher. Gelingt es dem Kind, die Braut einzuholen, muss sie erneut den Blumenstrauß zuteilen. Schafft sie es, die entstandene Lücke zu erreichen, wird das »beschenkte« Kind zur neuen Braut.

Wasser zu Wein

In einem Wettspiel werden wir zu den Bediensteten, die die Wasserkrüge auf die Anordnung Jesu hin mit Wasser füllen.

Material: zwei Eierbecher, eine Schüssel mit Wasser, zwei leere hohe Gefäße, möglichst durchsichtig, z.B. 0,4 ml Trinkgläser, eine kleine Flasche Rote-Beete-Saft, 1 Esslöffel.

Start und Zielpunkt werden definiert. Die Kinder teilen sich in zwei Gruppen ein und stellen sich jeweils in einer Reihe an den Startpunkt. Am Ziel werden die beiden hohen Gefäße aufgestellt und jeweils einer Gruppe zugeordnet. Der oder die Erste aus jeder Gruppe bekommt einen Eierbecher, schöpft damit Wasser aus der Schüssel und geht so schnell wie möglich zum Ziel und gießt das Wasser in das hohe Gefäß. Dann geht er oder sie zur Gruppe zurück und das nächste Kind bekommt den Eierbecher zum Schöpfen. Waren alle Kinder an der Reihe, »verwandeln« wir das Wasser in den hohen Gefäßen durch die Zugabe von jeweils zwei Esslöffeln Rote-Beete-Saft in Wein. Die Gruppe, die am meisten Wein im Gefäß hat, hat gewonnen.

2. Sonntag nach Epiphanias

Zum Zöllner Levi sagt Jesus »Folge mir nach!« Diese Aufforderung nehmen wir als Anlass zu einem lustigen Bewegungsspiel: Die Kinder und die MitarbeiterInnen stehen im Kreis. Ein Kind (A) läuft um den Kreis, berührt ein anderes Kind (B) am Rücken und ruft ihm zu: »Folge mir nach!« oder »Lauf bloß weg!«. B läuft nun auch los. Bei der Aufforderung »Folge mir nach!« läuft B in die gleiche Richtung wie A, beim Kommando »Lauf bloß weg!« in die entgegengesetzte Richtung. Beide Kinder versuchen, den Platz von B zu erreichen. Wer als Zweiter ankommt, übernimmt (erneut) die Rolle von A.

Gemeinschaft zwischen Menschen, die einander noch nicht kennen, kann entstehen, wenn sie einander kennenlernen. Ein beliebtes Spiel zum Namenlernen ist »Mein rechter, rechter Platz ist frei«. Die Kinder und die MitarbeiterInnen sitzen im Kreis. Ein Stuhl ist frei. Die Person, die links neben dem freien Stuhl sitzt, sagt: »Mein rechter, rechter Platz ist frei, da wünsch ich mir (Namen nennen) herbei!«. Die genannte Person wechselt den Platz. Die Person, die nun links neben dem freigewordenen Platz sitzt, ist jetzt mit dem Wünschen an der Reihe.

3. Sonntag nach Epiphanias

Backaktion zu Johannes 6: Dinkelknäcke-Fladenbrote und -fische

Foto: © Adelheid Neserke

250 g Dinkel zusammen mit 1 TL Koriandersamen fein mahlen, mit 1 TL Salz und 250 g Weizenmehl Typ 405 vermischen. 250 ml Milch mit 100 g Butter erwärmen, bis die Butter geschmolzen ist. Die »Butter-Milch« zunächst mit einem Löffel in die Mehlmischung rühren, dann verkneten. Den elastischen Teig 30 Minuten ruhen lassen. Noch einmal gut durchkneten. Dann in drei Stücke teilen und jeweils ein Teigstück auf einer bemehlten Oberfläche 1 mm dünn ausrollen. Runde Brote und Fische ausstechen und bei 200 °C bei Ober- und Unterhitze im Backofen ca. 10 Minuten backen.

Stichworte:
Brot, Erwachsenwerden, Fülle, Gemeinschaft, Teilen

Adelheid Neserke

Josef (Altes Testament)

03.02.2019
(4. Sonntag nach Epiphanias)
Vaters Liebling
(1 Mose 37)

10.02.2019
(Letzter Sonntag nach Epiphanias)
Josef der Sklave
(1 Mose 39-40))

17.02.2019
(Septuagesimä)
Josef der Minister
(1 Mose 41)

24.02.2019
(Sexaegesimae)
Josef stellt seine Brüder auf die Probe
(1 Mose 42-44)

03.03.2019
(Estomihi)
Eine Familie kommt wieder zusammen
(1 Mose 45-46; 50,15-20)

Didaktische Klammer

Die Geschichte um Josefs Ergehen ist eine sogenannte Brückengeschichte im Alten Testament. Dass Jakobs Familie nach Ägypten umsiedelt, weil Josef dort lebt und herrscht, ist die Voraussetzung für das spätere Exodus-Geschehen. Nur ist zu Josefs Zeiten der ägyptische Pharao Josefs Familie noch wohlgesinnt. Die Ablehnung durch einen späteren Pharao wird schließlich den Auszug des Volkes Israel unter Führung von Mose auslösen. In den Texten um Josef wird dessen Leben mit allen Tiefen und Höhen geschildert, die einem Menschen passieren können. Hervorgehoben wird seine Gabe des Traumdeutens, die ihn von seinen Brüdern unterscheidet und auch deren Misstrauen verstärkt. Charakteristisch für die Erzählform ist das doppelte Vorkommen wichtiger Geschehnisse: Josef erzählt von zwei Träumen. Potifars Frau versucht, ihn zweimal zu verführen. Er deutet ein Traumpaar des Pharaos. Zweimal reisen die Brüder nach Ägypten. Zweimal werden sie von Josef geprüft. Zweimal gibt es eine Versöhnung in der Familie und zum Schluss bittet Jakob zweimal darum, bei seinen Vorfahren begraben zu werden. Diese Doppelungen erhöhen die Spannung und unterstreichen Schlüsselszenen der Handlung.

Zentrale Themen sind die Eifersucht der Brüder und die dadurch verursachte Lebensänderung für Josef. Das Auf und Ab in seinem Leben in Ägypten. Die stete Begleitung durch Gott, die durch die Weisheit Josefs und dessen Fähigkeit zur Traumdeutung sichtbar wird. Und gegen Ende der Geschichte die Auflösung des Familienkonfliktes durch die großartige Versöhnungsgeste Josefs. Diese macht eine gemeinsame Zukunft im Wohlstand möglich. Die Vergebung setzt die Vergeltung von Bösem mit Bösem außer Kraft. Josef, der als Herrscher des Landes sicherlich auch gleichzeitig Richterfunktion hatte, setzt Gnade vor die damals übliche Gerechtigkeit. Dazu trägt sicherlich bei, dass die Brüder erkannt haben, dass sie sich schuldig gemacht haben und dies auch laut aussprechen. Josef baut vorsichtshalber noch Bedenk- und Prüfungszeiten ein. Den Brüdern wird nicht sofort geholfen. Sie bekommen erst Unterstützung, als sie seine Bedingungen erfüllen, z.B. Benjamin mit nach Ägypten bringen.

Das Abwägen der eigenen Gefühle, den Schatz der eigenen Familie erkennen, der Blick in die Zukunft, das alles bewegt Josef und bringt ihn schließlich dazu, den Brüdern zu vergeben. Diese gemeinsame Zukunft ist verheißungsvoll und sollte auch uns dazu bewegen, wieder auf Menschen zuzugehen und mit diesen gemeinsam in die Zukunft zu blicken. Denn das bedeutet Versöhnung, Trennungen aufzuheben, Verletzendes nicht zu vergessen, aber über diese hinweg aufzublicken auf Neues.

Liturgische Gestaltung

Zusammenkommen – sich Gott zuwenden

Eingangsvotum

Wir feiern diesen Gottesdienst im Namen des Vaters, der weiß, dass wir Menschen uns immer wieder streiten und verletzen mit Gedanken, Worten und Werken.
Im Namen des Sohnes Jesus Christus, der uns durch sein Leben hier bei uns Menschen zum Vorbild geworden ist und gesagt hat: Liebe deinen Nächsten wie dich selbst.
Und im Namen des Heiligen Geistes, der uns die Kraft und den Mut schenken kann, wieder auf die Menschen zuzugehen, die uns verletzt und wehgetan haben. Amen.

Schlussgebet

Gott, manchmal kommt etwas ganz anders, als wir es uns vorstellen können oder als wir es geplant haben. Dann ist es schwer für uns, uns auf das Neue zu freuen oder damit gut umzugehen. Manchmal klappt es in der Schule nicht so gut, wie wir es uns wünschen. Manchmal gibt es Streit, obwohl wir das nicht wollen und wir nicht damit gerechnet haben. In solchen Momenten sind wir traurig, verzweifelt oder wütend. Gott, lass uns in diesen Augenblicken zur Ruhe kommen und wieder neuen Mut schöpfen.

> Gib du uns die Hoffnung auf einen Neubeginn mit uns selbst
> und mit anderen Menschen.
> Gib du uns die Kraft, über das hinwegzublicken,
> was uns traurig oder wütend gemacht hat.
> Gib du uns den Mut, auf andere Menschen zuzugehen
> und mit ihnen in die Zukunft zu blicken.

Amen.

Liedvorschläge:
Da berühren sich Himmel und Erde (KIMMIK 1,27), Voller Hoffnung sei das Leben (KIMMIK 1,55), Einander brauchen (KG 120), Gib mir deine Hand (KG 128), Man kann hören, was andre sagen (KIMMIK 2, 279), Wie ein Fest nach langer Trauer (KAA 052; KUS 542)

Kurzgeschichten

Impulsgeschichte zum Einstieg Thema »Der geplatzte Traum«:
»Oh nein«, schreit Oskar, »das war so nicht geplant!« Er hatte sich doch alles so genial ausgedacht. Das Tischtennisturnier in Neustadt sollte den schlechten Punktestand in dieser Saison herausreißen. Und er hätte an erster Position spielen sollen. Jetzt sieht es so aus, als wäre das wochenlange Üben jeden Nachmittag völlig umsonst gewesen. »Das darf nicht wahr sein!«, stöhnt er. Seine Sporttasche steht gepackt im Flur, eigentlich hätte er nur noch ins Auto springen müssen. Und jetzt – völlig unerwartet – hatte Papa angerufen, der ihn eigentlich abholen und nach Neustadt hätte fahren sollen. »Deine Schwester Sophia hat sich im Kindergarten am Fuß verletzt. Wir müssen jetzt erstmal ins Krankenhaus zum Röntgen. Dein Tischtennisturnier muss warten, du wirst nicht mehr rechtzeitig hinkommen, wenn ich nach dem Krankenhaus mit Sophia nach Hause komme.« Mit der Bahn nach Neustadt fahren – dazu ist es schon zu spät. Die anderen Spieler sind alle bereits unterwegs Richtung Neustadt. »So ein Mist. Das habe ich nur Sophia zu verdanken. Warum muss ihr auch so was Blödes passieren.« Oskar hat sich enttäuscht neben der Sporttasche im Flur fallen lassen und sitzt jetzt entmutigt und sauer am Boden. »Das war´s wohl für heute. Meine ganzen Pläne haben sich in Luft aufgelöst …«.

Fragen für ein Gespräch:
- Hat es einen Sinn, wenn Oskar jetzt auf Sophia sauer ist?
- Ist dir das auch schon mal passiert, dass plötzlich etwas schiefgelaufen ist, was du ganz anders machen wolltest?
- Warst du damals auch auf jemanden sauer, so wie Oskar auf Sophia?
- Was könnte Oskar tun, um nicht mehr sauer zu sein?

Eine weitere Impulsgeschichte zum Einstieg ins Thema »Vergeben« finden Sie im Internet.

Kreative Ideen

Bastelidee Plakat oder Kalender »So ist Versöhnung«:
Mit dem Lied »Wie ein Fest nach langer Trauer« (KAA 052; KUS 542) vertiefen wir die Geschichte von Josefs Leben und der Versöhnung mit seiner Familie. Wir lernen das Lied kennen und singen es gemeinsam. Dann basteln wir ein Versöhnungs-Plakat oder einen Versöhnungs-Kalender mit dem Titel »So ist Versöhnung«. Dazu brauchen wir Papierkreise

mit ca. 13 cm Durchmesser in drei verschiedenen Farben (z.B. blau, gelb, grün). Auf den gelben Papierkreisen sind jeweils symbolhafte Szenen aus dem Liedtext abgebildet, die Versöhnung-Szenarien darstellen: Wie ein Feuer in der Nacht, ein offenes Tor an einer Mauer, ein Brief nach langem Schweigen, ein Blatt an toten Zweigen, in Seenot Land in Sicht, ein strahlendes Gesicht, ein Regen in der Wüste, ein Ich-mag-dich-trotzdem-Kuss, Heimatklänge für Vermisste, alte Feinde Hand in Hand, ein Schlüssel im Gefängnis, das Leben und die Liebe.

Nun kann mit den Kindern überlegt werden, warum diese Bilder für Versöhnung stehen können, was z.B. eine offene Tür in einer Mauer bedeuten kann. Welches Ereignis oder welcher Konflikt kann einer solchen offenen Tür vorausgegangen sein?

Dazu können jeweils auf einen blauen Papierkreis Schlüsselszenen aus Josefs Leben gemalt oder gestaltet werden, z.B. Josef kommt aus dem Gefängnis frei, Josef wird der Helfer des Pharao, Josef mit offenen Armen, ein gedeckter Tisch, die Brüder bitten Josef um Getreide. Auf die grünen Papierkreise werden dann selbst erlebte Alltagsszenen aus dem Leben der Kinder gemalt oder geschrieben. Wo habe ich schon einmal Versöhnung erlebt? Was ist dazu notwendig?

Foto: © Annette Deyerl

Auf dem Plakat werden die Papierkreise bunt angeordnet und festgeklebt. Rundherum kann noch einmal der Satz »SO IST VERSÖHNUNG« stehen und die Namen der Kinder, die mitgestaltet haben.

Für einen Kalender können sich immer zwei bis drei Kinder um die Gestaltung eines Kalenderblattes kümmern. Dazu werden jeweils ein gelber, ein blauer und ein grüner Papierkreis gestaltet und auf ein Kalenderblatt geklebt. Das jeweilige Monatskalendarium kann aus dem Internet ausgedruckt und am unteren Blattrand fixiert werden. Jeder Monat kann den Titel haben, der zu der aufgeklebten Textstelle aus dem Lied passt. Am oberen Blattrand »So ist Versöhnung …« und die Fortsetzung bei dem Kalendarium »… wie ein Feuer in der Nacht.« Dieser Kalender kann für ein Jahr im Kinderkirchenraum hängen, an die Josef-Geschichte erinnern und als Zeichen dafür gesehen werden, dass Versöhnung unter uns Menschen möglich ist.

Hier einige Beispiele für die Bastelvorlage der Kalenderblätter mit den gelben Kreisen zu den Aussagen aus dem Liedtext. Alle weiteren Vorlagen finden Sie im Internet .

Fotos: © Annette Deyerl

Fangspiel: Josef und seine Brüder

Im Vorfeld wird ein Spielfeld vereinbart, das groß genug zum Fangenspielen ist für die Gruppe. Alle stellen sich im Kreis mit dem Gesicht nach außen. Nun geht ein Säckchen herum, in dem für jeden Spieler ein gleichfarbiger Chip ist. Nur einer der Chips hat eine andere Farbe. Jeder Spieler zieht sich einen Chip. Der Spieler, der den andersfarbigen Chip zieht, ist »Josef«. Wenn alle Spieler gezogen haben, ruft Josef: »Ich bin Josef« und versucht, die anderen, vor ihm flüchtenden Spieler abzuklatschen. Ist jemand abgeklatscht, bleibt er im Raum ruhig stehen. Der Spielleiter entscheidet, ob das Spiel erst endet, wenn alle Spieler von Josef gefangen sind, oder schon zu einem früheren Zeitpunkt aufgehört wird. *Variante:* Bei dieser Spielart ruft Josef ebenfalls »Ich bin Josef«, rennt dann aber schnell vor den anderen Spielern davon, die ihn auf einem Bein hüpfend zu fangen versuchen.

Spiel »Josef regiert«:

Ein Kind ist Josef und gibt den anderen Kindern Handlungsanweisungen. Wenn das Kind vor jeder Anweisung »Josef sagt:« einfügt, sollen die Kinder reagieren und der Anweisung folgen. Sagt das Kind jedoch nur die Anweisung ohne den Zusatz »Josef sagt:« darf keines der Kinder darauf reagieren. Das Kind, das doch der Anweisung folgt, setzt eine Anweisung lang aus oder scheidet für diese Spielrunde völlig aus. Anweisungen können sein: Arm heben, in die Hocke gehen, mit dem rechten Fuß tippen, in die Höhe springen etc.

Feier

Wie im Lied »Wie ein Fest nach langer Trauer« kann natürlich auch im Kindergottesdienst ein Fest der Versöhnung gefeiert werden mit Liedern, Spielen und einem gemeinsamen Essen. Hier kann z.B. ein Friedensgruß, der sich gegenseitig vor dem Essen zugesprochen wird, nochmals den Versöhnungscharakter unterstreichen.

Friedensgruß:

Die Gruppe sitzt im Kreis. Die KiGo-Leitung wendet sich dem rechten Kind zu. Sie umschließt beide Hände des Kindes mit ihren Händen und sagt: *»NAME, ich wünsche dir Gottes Frieden.«* Das Kind gibt den Frieden an das nächste Kind in der gleichen Weise weiter, bis der Friedenswusch wieder bei der KiGo-Leitung angekommen ist.

Stichworte:

Familie, Sohn, Träume, Vater, Versöhnung

Annette Deyerl

Wohin mit der Wut?

10.03. 2019
(Invocavit)
Wut brennt in Kain
(1 Mose 4,1-16)

17.03.2019
(Reminiscere)
Wut auf böse Menschen
(Psalm 140)

24.03.2019
(Okuli)
Wut einfach abschütteln
(Lukas 9,1-5.51-56)

Didaktische Klammer

Wut erleben Kinder an sich selbst und bei anderen Menschen. Wut gehört zu den Grunderfahrungen des Lebens. Obwohl Wut etwas ganz typisch Menschliches ist, wird sie negativ beurteilt. Fremde Wut ist bedrohlich. Eigene Wut hängt mit negativen Erfahrungen zusammen. Darüber hinaus empfinden wir unsere Wutanfälle und Wutausbrüche oft nicht als Stärke, sondern als peinlichen Kontrollverlust, für den wir uns schämen. Es ist nicht leicht, mit Kindern über ihre Wut zu reden. Zu sehr sind sie davon geprägt, ihre Wut als etwas Böses zu empfinden.

Die Geschichte vom Brudermord des Kain ist die stärkste Wutgeschichte in dieser Reihe, vielleicht in der ganzen Bibel, vielleicht in der Weltliteratur. Unter dem Thema »Wohin mit der Wut?« geht es nicht um die ausweglose Frage: Warum hat Gott Kains Opfer nicht angenommen? Die Annahme und die Verwerfung des Opfers sind nicht objektive Tatbestände, sondern subjektive Empfindungen. Kain fühlt sich seinem jüngeren Bruder gegenüber zurückgesetzt, und zwar so grundlegend, dass er meint, sein Bruder stünde unter Gottes Sonne und er im Schatten der Gottverlassenheit. Dieser Konflikt löst die todbringende Wut aus.

Wichtig für diese Reihe ist es, Wut nicht als moralisch verwerflich darzustellen. Wut gehört zum Menschenleben dazu, sie ist manchmal berechtigt, manchmal verständlich, manchmal unberechenbar wie der Ausbruch eines Vulkans.

Hören und Antworten

Psalmgebet nach Psalm 140

Es gibt böse Menschen, Gott, warum?
Sie sind gewalttätig.
Sie machen alles kaputt in ihrer Wut.
Sie schlagen um sich und treten auf die ein, über die sie sich ärgern.

Es gibt böse Menschen, Gott, warum?
Sie denken nur daran, wie sie anderen schaden können.
Sie schreien Schimpfwörter.
Sie sagen Dinge giftig wie Schlangengift.

Es gibt böse Menschen, Gott, warum?
Sie wollen andere nur hereinlegen.
Sie lassen sie stolpern und freuen sich, wenn sie fallen.
Sie lassen andere nicht gelten und machen sie klein.

Bewahre mich, Gott, vor solchen Menschen.
Wenn sie Böses planen, soll es ihnen misslingen.
Ihre bösen Worte, soll niemand hören.

Es gibt gute Menschen, Gott, wie gut!
Gib, dass sie gewinnen.

Gebete zu den drei Sonntagen

1.
Wenn ich wütend bin,
dann könnte ich alles kurz und klein schlagen,
dann könnte ich kratzen und beißen,
dann schreie ich die übelsten Schimpfwörter.

Wenn ich wütend bin,
kann mich niemand leiden,
dann kann ich mich selbst nicht leiden.
Ich möchte mir selbst wehtun.

Wenn ich wütend bin, denke ich:
Meine Wut wird immer schlimmer. Sie hört nie auf.

Hilf mir, guter Gott, meine Wut zu beherrschen.
Amen.

2.
Ich werde wütend, wenn Menschen gemein sind.
Ich werde wütend, wenn Menschen andere quälen,
Ich werde wütend, wenn Menschen anderen etwas wegnehmen,
oder sie übers Ohr hauen.

Ich werde wütend auf Staatschefs, die Kriege anstiften,
die Frauen und Männer in ihrem Land unterdrücken
und sie unschuldig ins Gefängnis stecken.

Lieber Gott, habe ich nicht Recht mit meiner Wut?
Amen.

3.
Manchmal könnte ich mich schwarzärgern
Auch über meine besten Freunde,
auch über meine Mutter, meinen Vater
auch über meine Geschwister.
Dann verziehe ich mich in mein Zimmer
und schlage die Tür kräftig zu.
In meiner Wut bin ich dann ganz allein.
Wie komme ich aus meiner Wut wieder raus?
Guter Gott, hilf mir, dass ich meine Wut auch wieder abschütteln kann.
Amen.

Kurzgeschichte

Die Geschichte von Zornigel ist für die Jüngsten gedacht. Es geht um die Erfahrungen: Wie ist es, wenn ich wütend bin? Warum werde ich wütend? Wie komme ich aus meiner Wut wieder heraus? Die Geschichte kann im Kindergottesdienst für die Jüngsten die Geschichte von Kain und Abel ersetzen. (Zur Gestaltung siehe den Bastelvorschlag »Igel«.)

Zornigel

Zornigel ärgert sich. Er rollt sich zusammen und stellt die Stacheln.
Er versteckt sein Gesicht unter dem Stachelfell. Da ist es ganz dunkel.
Was er hört, klingt dumpf und unheimlich.
Er hört die anderen Igel. Sie sind fröhlich und lachen.
Da wird er noch wütender.

Die wollen nicht mit mir spielen. Keiner will mit mir spielen.
Aber wenn sie dann doch wieder kommen,
dann will ich nicht mehr mit ihnen spielen, nie mehr.
Dann steche ich sie in die Schnauze, wo es am meisten weh tut.

Zornigel stellt seine Stacheln noch höher
und steckt seinen Kopf noch tiefer unters Stachelfell.

Lange liegt er so da und wird sehr traurig.
Wann endlich verzieht sich meine Wut?
Wann endlich kann mein Kopf aus der Dunkelheit kriechen?

Langsam legen sich Zornigels Stacheln.
Langsam schaut seine Schnauze unter dem Stachelfell hervor.
Langsam blinzeln seine Augen wieder ins Licht.

»Zornigel, wo bist du?«, rufen die anderen Igel.

***

Zornigel ärgert sich. Er rollt sich zusammen und stellt die Stacheln.
Er versteckt sein Gesicht unter dem Stachelfell.
Er ist allein mit sich und seinen trüben Gedanken.

Ich wollte nur ein bisschen Apfel knabbern.
Da rollt er weg, der doofe Apfel. Weg ist er und ich habe Hunger.
Ich krieg dich noch, du doofer Apfel, und dann fresse ich dich mit Haut und Haar!

Zornigel stellt seine Stacheln noch höher
und steckt seinen Kopf noch tiefer unters Stachelfell.

Lange liegt er so da und wird sehr traurig.
Wann endlich verzieht sich meine Wut?
Wann endlich kann mein Kopf aus der Dunkelheit kriechen?

Langsam legen sich Zornigels Stacheln.
Langsam schaut seine Schnauze unter dem Stachelfell hervor.

Langsam blinzeln seine Augen wieder ins Licht.

»Essen kommen!«, ruft die Mutter.

***

Zornigel ärgert sich. Er rollt sich zusammen und stellt die Stacheln.
Er versteckt sein Gesicht unter dem Stachelfell.
Er ist allein mit sich und seinen trüben Gedanken.

Die haben mich reingelegt, hinterlistig und gemein.
Und dann haben sie über mich gelacht wie blöd.
Aber wartet, ich kann auch Fallen stellen!

Zornigel stellt seine Stacheln noch höher
und steckt seinen Kopf noch tiefer unters Stachelfell.

Lange liegt er so da und wird sehr traurig.
Wann endlich verzieht sich meine Wut?
Wann endlich kann mein Kopf aus der Dunkelheit kriechen?

Langsam legen sich Zornigels Stacheln.
Langsam schaut seine Schnauze unter dem Stachelfell hervor.
Langsam blinzeln seine Augen wieder ins Licht.

»Entschuldigung! War gemein von uns!«, rufen die Igel.

***

Zornigel ärgert sich. Er rollt sich zusammen und stellt die Stacheln.
Er versteckt sein Gesicht unter dem Stachelfell.
Er ist allein mit sich und seinen trüben Gedanken.

Immer sind die anderen stärker als ich und schneller.
Die anderen sind auch schöner als ich und geschickter.
Ich möchte nicht sein, wie ich bin. Ich möchte sein wie die anderen.

Zornigel stellt seine Stacheln noch höher
und steckt seinen Kopf noch tiefer unters Stachelfell.

Lange liegt er so da und wird sehr traurig.
Wann endlich verzieht sich meine Wut?
Wann endlich kann mein Kopf aus der Dunkelheit kriechen?

Langsam legen sich Zornigels Stacheln.
Langsam schaut seine Schnauze unter dem Stachelfell hervor.
Langsam blinzeln seine Augen wieder ins Licht.

»Wir gehen auf Schneckenjagd!«, rufen die Igel. »Komm mit, wir brauchen dich!«

***

Zornigel rollt sich zusammen und stellt die Stacheln.
Er steckt seine Schnauze unter das Stachelfell.
Es ist dunkel unter seinem Fell und es riecht nach Zornigel.

Eigentlich ist es gemütlich unter meinem Stachelfell.
Sind gar nicht so schlecht, meine Stacheln.
Da kann ich mich in Ruhe ärgern, wenn ich wütend bin.
Keiner stört mich, wenn ich meine Stacheln stelle.

Und wenn meine Wut verraucht ist, dann legen sich meine Stacheln.
Dann krieche ich wieder heraus aus meinem Stachelfell.

»Da bin ich!«, ruft Zornigel. »Ich bin wieder da!«

Gottfried Mohr

Kreative Ideen

Zur Kurzgeschichte vom Zornigel: Igel basteln
Der Zornigel wird mit den Kindern oder für die Kinder gebastelt. Igelumriss und Stachelrad werden aus Plakatkarton (Igel braun, Stachelrad schwarz oder beides weiß, wobei es die Kinder dann ausmalen können) ausgeschnitten. Beide Teile werden mit einer Musterklammer verbunden. Beim Erzählen der Geschichte können die Kinder das Stachelrad drehen, so dass beim Igel, wenn er die Stacheln stellt, diese sichtbar werden. Wenn der Igelzorn schwindet, verschwinden die Stacheln.

Zeichnung: © Gottfried Mohr

Zeichnungen: © Gottfried Mohr

Kreative Gesprächsmöglichkeiten zum Thema Wut

Die kreativen Gesprächsanstöße sollen ein Gespräch über das heikle Thema: »Wut« ermöglichen.

1. Wenn ich wütend bin

So ein wütendes Gesicht kann den Anstoß zu einem Gespräch bilden zum Thema: Wie ist das, wenn ich wütend bin … ?

Zeichnung: © Gottfried Mohr

2. Selber malen

Wir bereiten aus schwarzem Tonpapier Kreise vor. Die Kinder malen mit weißen Wachsmalkreiden die Gesichtszüge eines wütenden Gesichts.
Danach sprechen wir darüber: Wie ist das, wenn ich wütend bin … ?

3. Wutgeschichten erfinden

Wir stellen uns einen Jungen / ein Mädchen vor, so alt, wie wir selber sind. Er / sie ist stinkwütend, fuchsteufelswild. Was macht ihn / sie so wütend?
Sucht euch einen Satz aus (die untenstehenden Sätze wurden vorher auf einzelne Karten geschrieben und jetzt ausgelegt) und erfindet eine Geschichte.

»Das ist gemein!«

»Du hast mich reingelegt!«

»Das gehört mir und nicht dir!«

»Du hast das kaputt gemacht!«

»So ein blödes Ding!«

»Das krieg ich nicht hin!«

»Die lachen über mich!«

»Die meinen, sie seien besser als ich!«

»Immer bin ich der/die Kleine!«

»So ein Pech!«

»Muss das ausgerechnet mir passieren!«

»Ich will nicht ...!«

»Immer wird der bevorzugt!«

»Alle sind doof!«

»Blödes Ding!«

»Die anderen dürfen das, nur ich nicht!«

»Ich will auch mal ...!«

»Ich habe keine Lust mehr!«

»Immer verliere ich!«

»Das geht nicht!«

...

1. Sonntag: Wut brennt in Kain. Die Geschichte, wie sie in der Zeitung steht.

Mit den Großen im Kindergottesdienst lässt sich die Geschichte von Kain und Abel als Zeitungsstory verfremden. Die Kinder lesen die Zeitungsartikel und schreiben an der Zeitung weiter. So kommen sie über den Zeitungsgeschichten ins Gespräch.

Der erste Artikel: Familientragödie
Auf einem Acker der Gemeinde Edenlos wurde gestern die Leiche eines jungen Mannes gefunden. Der Tote konnte schnell identifiziert werden. Es handelt sich um A., den zweiten Sohn einer ortsbekannten Familie, die einen großen landwirtschaftlichen Betrieb führt. Die Obduktion ergab, dass der Mann brutal erschlagen wurde. Von dem Täter fehlt jede Spur. Die Eltern und der ältere Bruder K. sind fassungslos.

Verdacht im Mordfall A.
Im Mordfall A. gerät der ältere Bruder des Ermordeten K. immer mehr in den Verdacht, der Täter zu sein. Nachbarn der Familie berichteten, dass K. sich seit einigen Wochen auffällig verändert habe. »Er hat einen gar nicht mehr angeschaut, wenn man ihn gegrüßt hat«, erzählt eine Nachbarin. Und ihr Mann fügt hinzu: »Seine Wutanfälle haben in letzter Zeit ein unerträgliches Ausmaß angenommen.«

Wir fragen den Psychologen Dr. Seelentrost:
Welche Gründe können Streit zwischen erwachsenen Geschwistern auslösen? etc.

Mordfall aufgeklärt
Die Staatsanwaltschaft der Stadt Edenlos teilt mit, dass sie Anklage wegen Mordes gegen den Bruder des Getöteten erhoben hat. Es gilt als sicher, dass K. seinen jüngeren Bruder erschlagen hat. Der Täter hat sich selbst der Polizei gestellt. Die Polizei teilte mit, dass er in einem verzweifelten Zustand ein Geständnis abgelegt habe, in dem er von einer unbeherrschbaren Wut sprach, die ihn erfasst hätte. Darüber hinaus betonte er, dass sein Leben nach dieser schrecklichen Tat keinen Sinn mehr habe. Wörtlich fügte er hinzu: »Es gibt keinen Menschen mehr, der mir ins Gesicht schaut. Ich werde mein Leben lang von dieser schrecklichen Tat verfolgt werden und ein Leben lang auf der Flucht vor mir selbst sein.«

Wir fragen den Psychologen Dr. Seelentrost:
Kann man für den Täter Mitleid empfinden?
Braucht der Täter außer Strafe auch Hilfe? etc.

3. Sonntag: Wut einfach abschütteln

1. Das Bildwort lernen

Wir wollen diese im Bildwort ausgedrückte Aufforderung von Jesus zu verstehen versuchen und auswendig im Sinn behalten. Die sechs Worte werden zunächst auf einzelne Karten geschrieben. Die Kinder bilden dann aus den Karten den Satz.

2. Das Bildwort beim Gehen nacherleben

Wir machen einen Spaziergang durch den Gruppenraum. Ein Mitarbeiter/eine Mitarbeiterin führt die Gruppe an und trägt dabei den Text vor. Alle machen die entsprechenden Bewegungen mit.

Wir sind auf einem *breiten* Weg unterwegs. Hier können wir unbehindert laufen und kommen schnell voran.
Der Weg führt ab jetzt einen *steilen* Berg hinauf. Wir müssen uns anstrengen und jeden Schritt vorsichtig setzen.
Auf unserem Weg liegen *viele Steine*, über die wir klettern müssen. An einem Stein stoßen wir uns heftig den Fuß. Das tut weh.
Nun wird der Weg *schmutzig und glatt*. Unsere Schuhe bleiben beinahe im Lehm stecken. Wie sehen die Schuhe jetzt aus!
Gut, dass ein *Bach* kommt. Wir waten durch den Bach über große Steine. Vorsicht, dass wir nicht ausrutschen.
Nun laufen wir durch *Sand*. Wir sinken im Sand ein und kommen nur langsam voran. Das ist anstrengend.
Nun laufen wir einen *geschotterten Weg* entlang. Es läuft sich gut auf diesem Weg. Aber es staubt. Je fester wir auftreten, desto mehr Staub wird aufgewirbelt.

Wir sind am Ziel. Wir sind am Gasthaus angekommen. Da ist die Haustür. Aber können wir mit diesen Drecksschuhen eintreten?
Was hängt alles an unseren Sohlen?
Lehm und Matsch, Wasser aus dem Bachbett, Sand, Staub und kleine Steine.
An unseren Füßen kann man den ganzen Weg sehen, den wir gegangen sind.
Und nun schütteln wir den ganzen Dreck ab.
Dazu müssen wir zuerst kräftig aufstampfen.
Und dann den Dreck abschütteln.
Und dann den Dreck abstreifen.
Das machen wir gleich noch einmal:
Aufstampfen – abschütteln – abstreifen
Und noch einmal:
Jetzt können wir ins Haus eintreten und setzten uns wieder an unseren Platz.

Wir können unser Leben mit einem Weg vergleichen.
Manchmal läuft es sich leicht. Dann ist alles gut.
Manchmal wird es steil. Dann müssen wir uns anstrengen. Ob wir das schaffen?
Manchmal sind Steine im Weg. Da gibt es Ärger. Da kann man sich stoßen. Das tut weh.
Manchmal versinkt man im Schlamm und Dreck. Da könnte man verzweifeln. Man kommt ja gar nicht weiter.
Manchmal muss man einen gefährlichen Fluss überqueren. Da kriegt man Herzklopfen. Vielleicht rutscht man aus und wir nass. Das ist sehr ärgerlich.
Manchmal geht das Leben auf staubiger Straße. Auch da tut es sehr weh, wenn man hinfällt und sich die Knie aufschlägt.
Und auf unseren Wegen bleibt immer was an unseren Schuhen hängen. Auf unseren Lebenswegen sind das Erinnerungen. Gute und schlechte Erinnerungen. Gute Erinnerungen machen uns Mut. Schlechte Erinnerungen machen uns Angst.
Staub und Dreck kann man von den Schuhen abschütteln.
Schüttelt den Staub von euren Füßen!
Kann man so den Ärger, die Wut, die Verzweiflung hinter sich lassen?

Hier schließt sich ein Gespräch an, wie wir das schaffen können, Wut abzuschütteln.

Stichworte:
Familie, Geschwister, Sorge, Wut

Gottfried Mohr

Markus erzählt von Passion und Ostern

31.03.2019
(Lätare)
Jesus wütet im Tempel
(Markus 11,15-18)

07.04.2019
(Judika)
Jesus teilt Brot und Kelch
(Markus 14,17-26)

14.04.2019
(Palmarum)
Jesus betet in Gethsemane
(Markus 14,32-50)

19.04.2019
(Karfreitag)
Jesus stirbt am Kreuz
(Markus 15 i.A.)

21./22.04.2019
(Ostern)
Jesus ist auferstanden
(Markus 16,1-8)

»Lätare« – Freut euch! So heißt der erste Sonntag in unserer Gottesdienstreihe. Ist das nicht merkwürdig, wenn uns dies mitten in der Passionszeit geradezu zugerufen wird? Eigentlich liegt der Grund zur Freude doch erst am Ende dieser Reihe, wenn wir Ostern feiern.

Für den Evangelisten Markus sind die Passionsgeschichten der Schlüssel zum Verständnis der Person und des Wirkens Jesu. Markus möchte seinen Lesern Jesus als mächtigen Heilsbringer der Endzeit verkünden. Verstehbar ist dies nur durch das Geschehen am Kreuz. Jesu »Herrlichkeit« ist nicht direkt zugänglich, sondern kann nur vom Kreuz her und durch das Kreuz begriffen werden. So sind die Passions- und Ostergeschichten bei Markus der größte geschlossene Erzählzusammenhang.

Markus sieht Jesu Passionsgeschichten auch als »Weggeschichten«. Jesus geht den Weg zum Leben, gerade weil er in die große Tiefe menschlichen Leidens führt. Auf diesen Wegen werden wir in unseren Gottesdiensten auch wie die Jünger zu Wegbegleitern!

Um schwierige Wege gehen zu können, brauchen wir *Wegzeichen*, *Wegzehrung*, *Wegweisung* und *Wegbegleitung*. Dabei werden Wege angelegt, gekreuzt und begehbar gemacht. Dies erfordert Kraft und immer wieder Stärkung.

Ostern machen sich die Frauen auf, um einen ganz eigenen Weg zu gehen. Es wird ein schwerer Weg sein. Dieser Weg zeigt ihren großen Mut, aber auch ihre großen Sorgen: Denn sie wissen nicht, wie sie den schweren Stein vom Grab ihrer gestorbenen Hoffnung weggerollt bekommen. Erst als sie das Geschehene begreifen, lassen sie sich an den Anfang ihres Weges zurückschicken. Nun ist der Weg nicht mehr beschwerlich, denn Jesus ist ihnen vorausgegangen!

Liturgische Gestaltung

Dies ist eine lange Gottesdienstreihe. Eine gleichbleibende Liturgie begleitet uns in diesen Gottesdiensten von der Passion Jesu bis zur österlichen Freude.

Zusammenkommen – sich Gott zuwenden

Psalmgebet nach Psalm 22

Die dunklen Seiten des Lebens nehmen in dieser Gottesdiensteinheit einen großen Raum ein. Wir dürfen in dunklen Augenblicken auch klagen. Wer klagt, kann sich auch aufrichten lassen.

Wir beten im Wechsel mit Worten nach Psalm 22:

Alle: Mein Gott, ich bin allein,
hast Du mich auch vergessen?
Eine(r): Gott, hörst Du mich?
Ich rufe, aber Du antwortest nicht.
Alle: Mein Gott, …
Eine(r): Gott, mein Rufen wird lauter.
Doch niemand hört mir zu.
Alle: Mein Gott, …
Eine(r): Gott, ich wende mich zu Dir.
Komm und hilf mir!
Alle: (*singen*) Wir gehen, unser Leben zu beginnen

Lied: Wir gehen, unser Leben zu beginnen

Kanon, Text und Melodie: © Bernd Schlaudt

Feiern – Teilen

Was im Leben beschwert und was froh stimmt, können auch schon jüngere Kinder nachvollziehen. Deshalb soll in diesen Gottesdiensten der jeweiligen Befindlichkeit besonderer Raum eingeräumt werden.

Viele Sonnen und Wolken (*auf Tonpapier kopiert und ausgeschnitten*) liegen vor uns. Jedes Kind nimmt sich nach seinem eigenen Gefühl ein Symbol.
Während das Lied »Wolken oder Sonnenschein« mehrmals gesungen wird, werden die Sonnen und Wolken am Altar oder in der Mitte abgelegt. Wer will, darf den anderen dann auch mitteilen, was ihn fröhlich oder traurig stimmt.

Lied: Wolken oder Sonnenschein

Text und Melodie: © Bernd Schlaudt

Sendung – Segen

Der Segen wird im Wechsel zugesprochen:

Gott segne uns …
Gib uns deine Kraft zum Leben.
Herr, behüte uns …
Gib uns festen Boden unter den Füßen.
Herr, lass dein Angesicht leuchten über uns …
Gib uns liebe Begleiter.

Herr, sei uns gnädig …

Gib uns die Kraft zu verzeihen.

Herr, hebe dein Angesicht über uns …

Gib uns Vertrauen und Mut.

Herr, gib uns Frieden …

Gib uns einen sicheren Weg zum Laufen.

Amen.

Kurzgeschichte

Die Jünger und Jüngerinnen waren auch in ihrer Trauer nach Jesu Tod gelähmt und hilflos. Die Frauen konnten sich zuerst daraus lösen, indem sie sich auf den Weg zum Grab machten. Kinder kennen auch solche Gefühle. Liebevolle Begleitung hilft, sich diesen Gefühlen zu stellen und einen eigenen Weg aus der Hilflosigkeit und Erstarrung zu finden.

Philipps Zelt

Philipp kam von der Schule nach Hause. Er hatte auf dem Heimweg immer an »Opa Schulz« denken müssen. Opa-Schulz war nicht sein richtiger Opa. Er wohnte im Nachbarhaus. Doch Philipp sagte »Opa Schulz« zu ihm, solange er denken konnte.
Opa-Schulz hatte keine Kinder und seine Frau war auch schon vor langer Zeit gestorben. So waren wohl Philipp, Sabine, Mama und Papa zu seiner Familie geworden. »Ihr habt mich als Opa adoptiert!«, hatte Opa-Schulz einmal lachend gesagt.

Mama erwartete Philipp schon an der Tür. »Philipp, wir müssen dir etwas Trauriges sagen!« – brauchte sie nicht! Philipp wusste es …!
Philipp rannte in den Garten und kroch in sein Zelt. Das Zelt hatte er bei Opa-Schulz im Keller entdeckt. Gemeinsam hatten sie es im letzten Jahr im Garten aufgebaut. Den ganzen Sommer über hatten sie viele Stunden in dem Zelt verbracht, sogar ein paar Mal dort übernachtet. Sie hatten immer wieder etwas verändert und verschönert. So hatte das Zelt auch eine Fahnenstange bekommen. Immer wenn Philipp im Zelt war, hisste er auch seine Fahne. Dann wusste Opa-Schulz Bescheid. Er kam dann meistens zu Philipp in den Garten.

Auch gestern hatte Philipp seine Fahne gehisst. Philipp wartete auf Opa-Schulz, denn er wollte ihm unbedingt sein neues Taschenmesser zeigen. Doch Opa-Schulz kam nicht. Dabei war ein Fenster offen. Er musste also zuhause sein. Weshalb kam er dann nicht in den Garten? Philipp wollte nicht mehr warten. Deshalb lief er zu Opa-Schulz' Haus.

Er klopfte: tok – toktok – tok! Das war nämlich ihr Zeichen. Doch Opa-Schulz öffnete nicht die Tür. Philipp lief um das Haus herum. Meistens war die Küchentür zur Terrasse nicht verschlossen – auch diesmal. Philipp ging ins Haus und rief: »Hallo, Opa-Schulz! Ich bin es, der Philipp!«
Da sah Philipp, dass die Kellertür offen stand. Er schaute in den Keller hinunter …

Dann ging alles ganz schnell: Philipp rannte zu Mama. Kaum hatte Mama den Notarzt angerufen, da kam auch schon der Rettungswagen. Opa-Schulz wurde auf einer Krankentrage aus dem Haus gebracht. Er wäre nicht bei Bewusstsein, sagten sie. Doch Philipp hatte genau gesehen, dass Opa-Schulz ihm zugeblinzelt hatte, als er in den Rettungswagen geschoben wurde. Der Rettungswagen fuhr mit Blaulicht und mit Signalhorn davon.

Nun saß Philipp also im Zelt. Im Geheimen hörte er immer noch das Signalhorn des Rettungswagens. Er sah Opa-Schulz auf der Krankentrage, und der blinzelte ihm zu! Philipp fröstelte. Er rollte sich in der Ecke zusammen und zog sich die bunte Indianerdecke über den Kopf. Es war nur noch ein bunter Wollhaufen zu sehen.
Das Signalhorn wurde immer lauter. Philipp wusste, dass es nur in seinem Kopf zu hören war. Nicht wirklich – aber es war sooo laut! Philipp erschrak: Da war etwas Weiches und Warmes unter der Decke! Es war eine Hand, die nach ihm tastete.
Philipp hatte gar nicht bemerkt, dass Mama in das Zelt gekommen war. Sie sagte nichts, sondern nahm ihn ganz fest in den Arm. Das Signalhorn war nicht mehr zu hören. Philipp weinte …

Später lief er erst zu Opa-Schulz' Haus und dann zu seiner Freundin Jule.

Doris Dirwald

Kreative Ideen

Bildergeschichte

Die Passions- und Ostergeschichten sind auch »Weg-Geschichten«. So gestalten wir diesen Weg als einen großen Fries in der Kirche oder unserem Gottesdienstraum.

Material: Plakatkarton DIN A2, Farben, Klebstoff, Buntpapier

Mit jedem Gottesdienst wird unser Fries erweitert, so dass zu Ostern eine Bildergeschichte entstanden ist.

Schachtel- oder Hosentaschenkino

Die Bildergeschichte zu Markus kann auch zur Erinnerung von und für jedes Kind gestaltet werden.

Material: leere Streichholzschachteln, lange Papierstreifen, Bunt- und Glitzerpapier, Buntstifte, Schere, Kleber, evtl. kopierte Symbole zu den einzelnen Geschichten

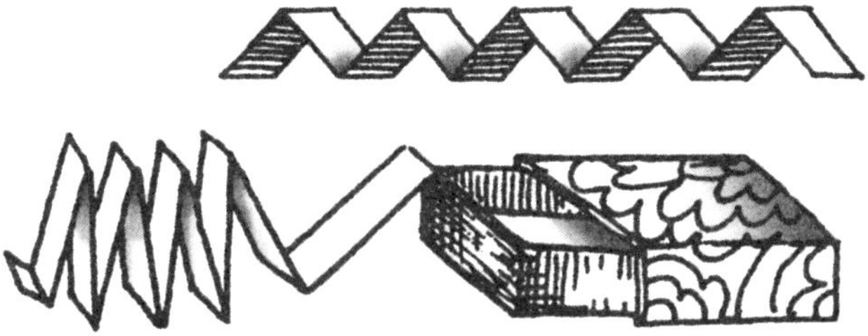

Zeichnungen: © Doris Dirwald

Zunächst wird die Streichholzschachtel beklebt und verziert. Aus hellem Papier wird ein mindestens 40 cm langer und 3 cm breiter Papierstreifen geschnitten. Der Streifen wird in gleich großen Felder in Schachtellänge unterteilt.
Auf die einzelnen Felder wird in jedem Gottesdienst etwas zur Geschichte gemalt oder ein Symbol (*Blitz, Brot und Trauben, Herz, Kreuz, Licht, Engel*) geklebt.
Das letzte Feld bleibt frei, denn es wird auf dem Schachtelboden festgeklebt. Zuvor muss der Streifen aber wie eine Ziehharmonika geknickt werden.
Der zusammengefaltete Streifen wird in der Schachtel verschlossen. Zum Betrachten des »Films« wird langsam Bild für Bild aus der Schachtel herausgezogen.

Karfreitag – Faltkreuz

An Karfreitag ist das Kreuz ein Zeichen der Hoffnungslosigkeit und der Schmach. Mit einer kleinen Rätselgeschichte wird gezeigt, wie das Kreuz auch ein Zeichen des Lebens und des Sieges werden kann:

Einer der ersten Christen saß zum Tode verurteilt im Gefängnis. Da verhöhnte ihn einer seiner Wächter, als er zu ihm sagte: »Du sollst nun auch bald am Kreuz sterben. Wie kann dann das Kreuz noch ein Zeichen für deinen Glauben sein? Ich mache dir einen Vorschlag. Wenn du es schaffst, mit einem einzigen Schnitt aus einem Blatt ein Kreuz zu schneiden, dann bist du frei!«
Der Mann löste das Rätsel so und kam frei:

Material: DIN-A5-Blätter und Scheren (für alle Kinder), ein großer Papierbogen in DIN A2, Kleber

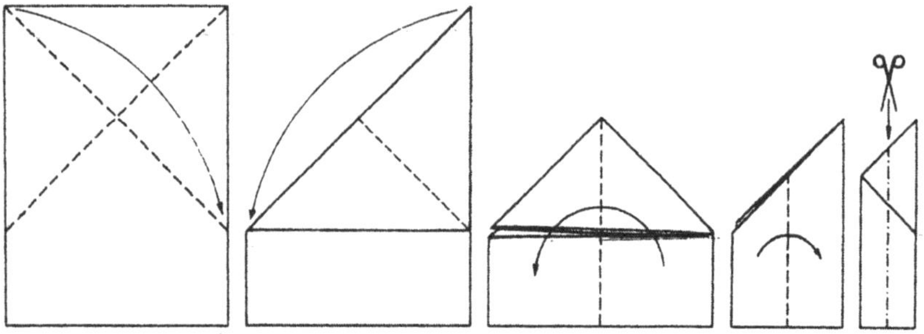

Zeichnung: © Doris Dirwald

Auf die ausgeschnittenen Kreuze schreiben wir Orte menschlicher Hoffnungslosigkeit. Diese kleinen Kreuze werden dann auf das große Kreuz geklebt.

Ostern – Stimmungsvogel

Die Frauen werden in ihrer Trauer und ihren Sorgen so gefangen gewesen sein, dass sie nichts anderes wahrnehmen konnten. Auf ihrem Weg zurück konnten sie ihren Blick wieder aufrichten. Auch ihr Eindruck auf andere Menschen, die ihnen begegneten, war ein anderer.
Mit dem kleinen »Stimmungsvogel« lassen sich diese Gefühle bildhaft darstellen.

Material: einfache geometrische Formen (Tropfen, Rechteck, Raute, Kreis, Dreieck, …) aus Tonkarton, Musterklammern

Zeichnungen: © Doris Dirwald

Stichworte:
Mut, Ostern, Passion, Vertrauen, Weg, Wut

Doris Dirwald

Für Gott ist nichts unmöglich
Die unglaublichen Verheißungen

28.04.2019
(1. Sonntag nach Ostern: Quasimodogeniti)
Die unglaubliche Verheißung
(1 Mose 12,1-9)

05.05.2019
(2. Sonntag nach Ostern: Misericordias Domini)
Die Verheißung wird bezweifelt
(1 Mose 16)

12.05.2019
(3. Sonntag nach Ostern: Jubilate)
Die Verheißung zum Lachen
(1 Mose 18,1-15)

19.05.2019
(4. Sonntag nach Ostern: Kantate)
Die Verheißung beginnt wirklich zu werden
(1 Mose 21,1-21; 25,1-11)

Die didaktische Klammer

Verheißung ist das Schlüsselwort in allen vier Einheiten. Abraham lässt sich auf sie ein und sein ganzes Haus muss mit. Gott verspricht dem kinderlosen Ehepaar, dass es zu einem großen Volk werden wird. Er verspricht, dass sein Segen auf Abraham liegen wird und auf allen Geschlechtern, die nach ihm kommen. Nachkommen sind wichtig, sie garantieren die Versorgung der Alten, den Fortbestand der Sippe, aber auch den Erhalt der Geschichten, Kultur, Bräuche und Religion. Viel Gottvertrauen ist nötig, sich ins Ungewisse aufzumachen.

Kindern werden wohl überwiegend Aufbrüche verordnet, so wie der Sippe. Die Gewissheit, wie sie Abraham hat, den Weg nicht alleine gehen zu müssen, kann Halt geben.

In unserer schnelllebigen Zeit sollen Verheißungen – Versprechen – am liebsten sofort erfüllt werden, sonst werden wir ungeduldig, verlieren gar das Interesse. Abraham und Sarah brauchen einen unendlich langen Atem. Sarah hält das nicht aus. Sie ermuntert Abraham, mit Hagar ein Kind zu zeugen, damit die Zukunft gesichert ist. Es ist für sie unvorstellbar, dass sich die Verheißung noch erfüllt. Lässt Abraham sich darauf ein, weil auch er zweifelt? Warum lässt die Erfüllung so lange auf sich warten? Hätten wir heute die Geduld, so lange zu warten?

Trotz aller Zweifel und des daraus entstehenden Verhaltens nimmt Gott seine Zusage nie zurück. Er erweitert seine Fürsorge auf alle Kinder Abrahams. Die Verheißungsgeschichten zeigen uns: Wir haben die Folgen unseres Handelns zu verantworten, denn z.B. Hagar empfängt das gewünschte Kind. Das wirkt sich auf die Beziehung zwischen Sarah und ihr aus.

In all unserer Unzulänglichkeit aber begleiten uns Gott und seine Zusage. Das soll durch die beiden Erzählungen vertieft werden. Gemeinschaft mit anderen trägt uns und unterstützt uns auf unseren Wegen, dies wird im gemeinsamen Feiern spürbar.

Die Kreativaktion mit den Wachskreiden macht Verborgenes, »Verheißungszeichen« wie die Sterne, sichtbar.

Den Segen sichtbar und spürbar in den Alltag zu tragen kann wie ein Knoten im Taschentuch sein oder ein Bändchen um den Arm.

Liturgische Gestaltung

Votum

(Sich im Kreis versammeln)
Wir feiern Gottesdienst
im Namen Gottes,
der uns zum Segen für andere macht.
Hände einander sanft auf den Kopf legen.

Wir feiern Gottesdienst
im Namen von Jesus Christus,
der für uns ein Segen ist.
(Mit der Hand ein Kreuzzeichen von Stirn zu Bauch und von der linken Schulter zur rechten Schulter zeichnen.)

Wir feiern Gottesdienst
im Namen des Heiligen Geistes,
der uns hilft, Gottes Segen und Verheißung weiterzugeben.
(Die rechte Hand in die linke Hand des Nachbarn legen. Wenn alle Hände auf diese Weise gefasst sind, sprechen wir gemeinsam:)

Amen.

Feiern – Teilen

Wüstenproviantbündel
Picknickdecke, Fladenbrot im Geschirrtuch, Wasser, Becher
(3. und 4. Einheit zusätzlich z.B. Feigen, Oliven, Kuchen)
Nach der Reise durch die erste Verheißungsgeschichte wird gerastet, das Bündel ausgepackt und der Proviant geteilt. Dabei kann die Geschichte erinnert werden.
Bei der 1. Einheit kann vorab mit den Kindern überlegt werden, was auf keinen Fall vergessen werden darf, wenn Sarah und Abraham aufbrechen.

1. Einheit: Die erste Rast nach dem Aufbruch. Ist alles Lebenswichtige dabei?
2. Einheit: Gott sorgt für Hagar.
3. Einheit: Essen, was vom Festessen mit den Fremden noch da ist.
4. Einheit: Die Verheißung gilt weiter. Die Zukunft wird gefeiert.

Sendung – Segen

Zum Abschluss der 4. Einheit
Sich gesegnet fühlen, wissen, dass ich von Gott begleitet bin: »In dir sollen gesegnet werden alle Geschlechter auf Erden.« (1 Mose 12,3b), diese Zusage soll spür- oder sichtbar mit in den Alltag genommen werden.

Variante 1
Alle stehen im Kreis. Eine Mitarbeitende geht zu jedem, spricht ihm einen Segen zu, z.B. »Ich will dich segnen und du sollst ein Segen sein.« Und streicht dabei etwas Salböl (z.B. Mandelöl mit einem Tropfen Duftöl) auf die Handinnenfläche oder auf die Stirn.

Variante 2
1. Segen empfangen
Alle stehen im Kreis. (*ggf. kurze Erläuterung der Schritte*)
Die Segensbändchen im Körbchen weiterreichen. Jeder nimmt sich eines.
Der Segen wird laut vorgelesen.
2. Segen weitergeben
Jeder bindet sein Bändchen an das Handgelenk eines anderen.
3. Segen in den Alltag tragen
Alle fassen sich an der Hand. Der Segen wird erneut laut gesprochen und mit: »Geht hin im Frieden Gottes« (*je nach Text auf dem Bändchen*) abgeschlossen. Danach folgt die Verabschiedung.
Segensbändchen gibt es unter www.kirche-mit-kindern.de / shop oder unter:
www.material-michaeliskloster.de/materialien/kindergottesdienst

Kurzgeschichten

Sarah lacht
Mein Patenkind heißt Sarah. Ihre Eltern haben den Namen ausgesucht, weil er »Fürstin« oder »Prinzessin« bedeutet.
Als Kind ist sie eine Prinzessin. Sie verkleidet sich gern als eine. Wenn sie ihren Opa mit »Mein liebster Opa« und einem lachenden Gesicht begrüßt, hebt er sie hoch, lacht auch und ruft: »Meine Prinzessin«. Zur Taufe habe ich ihr ein Bilderbuch mit der Geschichte von Sarah und Abraham geschenkt. Auf die Innenseite habe ich ihr einen Text geschrieben, für später, wenn sie lesen kann.
Wenn ich zu Besuch komme, müssen wir eine Zeit lang immer dieses Buch ansehen, nur die Bilder. Zwei sind die Wichtigsten. Auf dem einen lacht Sarah: »Das ist auch eine

Sarah, die heißt wie ich und die lacht!« Dann lacht Sarah auch. Das zweite Bild ist das mit dem Baby, weil meine Sarah ja schon längst kein Baby mehr ist, sondern groß, und das ist ihr wichtig.
Als sie viel älter ist, wird das längst vergessene Bilderbuch bei einem Besuch wieder hervorgekramt. Sarah entdeckt erstaunt, dass es kein Lachen aus Freude ist, sondern weil Gott eine Zusage macht, die völlig unmöglich erscheint. Und doch: Gott hält sein Versprechen! Noch etwas entdeckt sie in dem Buch. Erinnerst du dich? Meine Wünsche zu ihrer Taufe kann sie jetzt lesen. Ein paar darf ich verraten:

Ich wünsche dir,
dass du Gottes Gegenwart spürst,
egal wo du bist und egal wie es dir geht.
Ich wünsche dir,
dass du an Gottes Zusage glauben kannst,
dass du durch die Taufe sein Kind bist und er immer bei dir ist.

Und falls du einmal Gottes Zusagen so lächerlich findest solltest wie Sarah,
als sie hört, dass sie noch ein Baby bekommen soll,
wünsche ich dir,
dass danach eine Zeit kommt, in der du aus vollem Herzen lachst.
Und du dann glaubst,
wie Sarah, als sie ihr Baby auf dem Arm hält,
weil Gottes Zusage sich erfüllt hat.

Sternenhimmel

Kennst du Sternenbilder? Die einzigen, die ich sofort erkenne sind der große und kleine Wagen. Die finde ich überall. Die begleiten mich, seit ich denken kann. Willst du den Grund wissen? Sie sehen aus wie ein Leiterwagen. Leiterwagen liebe ich.
Meinen ersten hat mir mein Vater geschenkt. Er hat auch einen, einen großen. Als ich klein war, hatten wir kein Auto. Alles wurde mit dem Leiterwagen transportiert: leere und volle Limokisten, Kartoffelsäcke, Holz und Kohlen für den Ofen, Äpfel für die Safterei, Heu für die Kaninchen und sogar der Umzug meiner Oma und noch viel mehr hat mein Vater mit seinem Leiterwagen transportiert.
Ich durfte ihn begleiten, mit meinem Leiterwagen. Der war beladen mit Puppe oder Bär, mit ein paar Äpfeln oder einer Handvoll Heu oder unserer Brotzeit. Manchmal, wenn der Weg weit war, durfte ich auf dem großen Wagen mitfahren. Ich musste mich gut festgehalten und durfte keinen Blödsinn machen.
Klasse war aber, wenn mein Vater und ich Hand in Hand gegangen sind. Jeder mit seinem Wagen. Warm war seine Hand in meiner. Ich habe mich sicher gefühlt. Wir zwei! Wie toll!.
Schon lange ist diese Zeit vorbei. Ich habe mittlerweile an vielen Orten gelebt. Aber überall, wenn ich die Sternbilder vom großen und kleinen Wagen am Himmel sehe, spüre ich die Hand meines Vaters in meiner Hand. Sie ist warm und kräftig und ich erinnere mich, wie beschützt und sicher ich mich bei ihm gefühlt habe und wie mutig.

Ob Abraham wohl auch einen Lieblings-Sternbild hatte?
Er hat eine unglaubliche Verheißung von Gott bekommen: Ich will dich zu einem großen Volk machen, und später: So zahlreich wie die Sterne am Himmel sind, so zahlreich wird dein Volk sein. Überall wo Abraham mit seiner Familie hingekommen ist, waren die Sterne zu sehen. Ob er dann wohl Gottes Hand in seiner gespürt hat?

Kreative Ideen

Wachsbilder »Die Verheißung wird sichtbar«
Motive z.B. der Sternenhimmel, das Lager von Abraham und Sarah werden mit weißer Wachsmalkreide auf weißes saugfähiges Skizzenpapier gemalt. Die Farben sollten sehr gut decken. Danach mit sehr wässriger Wasserfarbe darüber malen. So werden die Formen erkennbar. Alternativ zur Wasserfarbe Tinte verwenden.

Zeichnungen und Fotos: © Ute Christa Todt

Tipp für Jüngere: Farbige Wachsmalkreide lässt sich besser erkennen.
Tipp für Ältere: Weiße dünne Wachskerzen (*beim Malen schlechter zu erkennen als Wachsmalkreide*) oder die Kerze anzünden und Sterne und Formen auftropfen.

Vorsicht: Verletzungsgefahr durch offenes Feuer, es können auch die Rauchmelder ausgelöst werden.

Lied: Abraham

2. Habt ihr schon gehört das Gotteswort: Zieh aus deiner Freundschaft fort!
Ich will segnen, die dich segnen, strafen, die dir schlecht begegnen.
Ist dein Nam' auch arm und klein, soll allem Volk doch zum Segen sein.

Lied: Gott geht mit *(Kanon zu 4 Stimmen)*

Weitere Liedvorschläge:
Abraham, Abraham, verlass dein Land (EG 311)
Gott segne dich (Kommt, atmet auf 0109)

Stichworte:
Gottes Gegenwart, Vertrauen, Zuversicht

Ute Christa Todt

Nach Ostern
... und es geht weiter!

26.05.2019
(Rogate)
Am See Tiberias (Abendmahl)
(Johannes 21,1-14)

30.05./02.06.2019
(Christi Himmelfahrt/Exaudi)
Die Himmelfahrt Jesu
(Markus 16,15-20)

09./10.06.2019
(Pfingsten)
Das Pfingstfest
(Apostelgeschichte 2,1-41 i.A.)

Nachdem die letzten vier Sonntage den Kindern zeigten, dass für Gott nichts unmöglich ist (Abraham), geht der Blick nun wieder zu Jesus und dem wunderbaren Ostergeschehen. Wir stellen uns die Frage: »Wie geht es nun eigentlich bei Jesus und seinen Jüngern weiter?« Die drei ausgewählten Texte nehmen dabei exemplarische Situationen auf:

Rogate: Im Abendmahl begegnen die Jünger (und wir) dem auferstandenen Christus und werden daran erinnert, dass der Tod nicht das letzte Wort hat.

Himmelfahrt/Exaudi: Auch wenn Jesus nicht mehr sichtbar unter uns ist, ist er doch mit seiner Kraft bei den Jüngern (und uns), besonders dann, wenn die Jünger (und wir) die frohe Botschaft weitersagen.

Pfingsten: Gespannt warten die Jünger darauf, dass »die Kraft des Heiligen Geistes« (Apg 1,8) auf sie kommt (so in Apg 2,1-13). Petrus predigt daraufhin mutig und erreicht das Herz vieler Menschen – die Kirche ist geboren.

So geht die »Sache Jesu« weiter, das Reich Gottes wächst und wird auch heute erfahrbar. Auch wir sind Jünger/ Nachfolger Jesu, nur mit größerem Zeitabstand. Gott führt auch uns (im Kindergottesdienst) zusammen und ist bei uns alle Tage (Mt 28,20). Darauf können wir vertrauen.
Dieses Vertrauen kann sich bewähren, wenn sich Abschiede, Streit und Umbrüche im Leben (z.B. Umzug, Sitzenbleiben, Krankheit, Tod) ereignen; diese Situationen lassen auch Kinder fragen: »Wie geht es nun weiter?« Die drei biblischen Texte machen Mut, auch in den Umbrüchen des eigenen Lebens darauf zu vertrauen, »dass es weitergeht« – weil Jesus da ist, uns begleitet und uns Kraft gibt.
Am Sonntag Rogate sollte, wo möglich, Abendmahl gefeiert werden. Ein gemeinsames Essen von Brot (und Fischstäbchen) könnte ebenfalls an Jesus erinnern. Das Abendmahl erinnert uns daran, dass es bei Gott keine hoffnungslosen Situationen gibt.
Verbindendes Element aller drei Sonntage sollen Fußspuren sein, die bis zu uns heute, den Nachfolgern Jesu, führen (siehe Kreative Ideen).

Liturgische Gestaltung

Zusammenkommen – sich Gott zuwenden

Votum – für Himmelfahrt / Exaudi und Pfingsten
Wir feiern Gottesdienst:
Im Namen Gottes, dessen Reich auch heute noch weiterwächst.
Im Namen des Sohnes, Jesus, der uns im Abendmahl begegnet.
Im Namen des Heiligen Geistes, der uns jeden Tag begleitet.
Amen.

Psalm
Psalm 121 kann durch alle Sonntage begleiten.

Hören – Antworten

Wenn man nicht selbst frei erzählen möchte, kann man die Erzählungen aus der »Neukirchener Kinderbibel« nehmen:

- Jesus erscheint am See, S. 269-271 (bis: »Nun wussten es alle.«)
- (evtl.: Jesus sendet seine Jünger, S. 274, das kursiv Gedruckte)
- Gott schenkt seinen Geist, S. 275-276

Feiern – Teilen

Rogate

Gemeinsam wird das Abendmahl in ortsüblicher Form gefeiert. Als Beispiel für kindgemäße Spendeworte seien genannt:
»Brot des Lebens – (Christus) für dich.«
»Kelch des Heils – (Christus) für dich.«

Sendung – Segen

Fürbittengebet

Ein Fürbittengebet kann (frei) formuliert werden, in welchem folgende mögliche Themen der Kinder vorkommen: Umzug, Sitzenbleiben, Krankheit, Tod. Z.B.:

Guter Gott,
ich habe Angst, wenn jemand aus meiner Familie oder ein Freund krank ist.
Wie geht es nun weiter, Gott?
Ich vertraue auf dich und rufe:
> *Dennoch bleibe ich stets an dir;*
> *denn du hältst mich bei meiner rechten Hand. (Psalm 73,23)*

Gott, in der Schule habe ich nicht die besten Noten.
Was ist, wenn ich nicht in die nächste Klasse versetzt werde?
Wie geht es nun weiter, Gott?
Ich vertraue auf dich und rufe:
> *Dennoch …*

Segen

Variante 1: Segensspiel
Alle Kinder laufen in normalem Tempo durch den Raum. Immer zwei Kinder finden sich zu Paaren zusammen: Ein Kind läuft zu einem anderen Kind, stellt sich dicht daneben und geht mit ihm weiter durch den Raum.
Es sagt: »Gott segne und begleite dich.«
Das andere Kind antwortet: »Heute und alle Tage.«
Beide verabschieden sich voneinander mit dem Wort: »Amen.«
Beide Kinder suchen sich neue Kinder, der Segen wird somit mehrfach gesprochen und kann vertieft aufgenommen werden.

Variante 2: Segen im Kreis
Zum Segen stellen sich alle Kinder und Mitarbeitende in einen engen Kreis, die Schultern berühren sich, so dass die Begleitung gespürt werden kann.
Eine/r: Gott segne und begleite dich – heute und alle Tage.
Alle: Amen.

Lieder
Die Sache Jesu braucht Begeisterte (nur Refrain), LZHE 287
Geh mit uns, LH 1, 19
Halte zu mir, guter Gott, Das Kirche mit Kindern Liederbuch, Rheinland, S. 80
Wir gehen weiter auf dem Weg mit Gott / Siya hamb', Das Kirche mit Kindern Liederbuch, Rheinland, S. 156

Kurzgeschichte

Der folgende Dialog kann mit Handpuppen gespielt werden. Nötig sind Löwenzahnblumen in verschiedenen Wachstumsstadien, die dann im weiteren Kindergottesdienst als Blumenschmuck in der gestalteten Mitte oder auf dem Altar stehen. Alle Kinder sitzen schon im Kreis, die Pfarrerin (oder eine leitende Mitarbeitende) kommt etwas später hinzu. Der Kindergottesdienst beginnt (!) mit dem Dialog der beiden Handpuppen.

Der »Ostern-Himmelfahrts-Pfingstblumenstrauß«

Lucy: Hallo Tommy, schau mal, was ich hier gepflückt habe!

Tommy: Wow, soooo ein großer Strauß Löwenzahn! Da hast du bestimmt ganz braune Finger bekommen vom Pflücken … zeig mal!

Lucy: *(betrachtet ihre Hände)* Ja, stimmt. Mist, hab' ich nicht dran gedacht … Die haben so schön gelb geleuchtet, ich musste sie einfach für unseren Kindergottesdienst heute pflücken.

Tommy: Bist du heute dran, Blumen mitzubringen?

Lucy: *(nickt)* Ja.

Tommy: Aber ich habe noch nie Löwenzahn in der Kirche (im KIGO) gesehen! Meinst du, dass unsere Pfarrerin so eine normale Blume da hinstellt?

Lucy: Ja, warum nicht? Löwenzahn erinnert mich an die Sonne und wir singen doch auch immer ›Gottes Liebe ist wie die Sonne‹ …

Tommy: (singt) ›sie ist immer und überall da!‹
(er schaut sich den Strauß genauer an)
Schau mal, Lucy, da hast du aber auch verblühte Blüten gepflückt.
(lacht plötzlich) Mit dreimal Ü!

Lucy: *(lacht auch)* Üch, schüde, dü üine üst schün günz wülk!

Tommy: *(lacht weiter)* Was?

Lucy: Die eine ist schon ganz welk … Du, Tommy, da waren noch ganz viele Blüten auf der Wiese, die schon Pusteblumen geworden sind.

Tommy: Hast du welche gepustet?

Lucy: Na klar!

Tommy: Mein Vater sagt immer, dass ich das nicht in unserem Garten machen soll. Weil Löwenzahn dann überall wächst. Sogar auf unserer Straße wachsen die, im kleinsten Ritz im Asphalt!

Die Pfarrerin (oder leitende Mitarbeitende) kommt in die Kindergottesdienstrunde, setzt sich dazu.

Lucy: *(denkt nach)* Ich finde ja, dass Löwenzahn eigentlich Ostern-Himmelfahrts-Pfingstblume heißen sollte.

Tommy: Hä? Wie kommst du denn jetzt darauf?

Pfarrerin: Hallo Lucy! Das musst du mir aber auch mal erklären …

Lucy: Na, weil … hm. Also, Jesus ist jetzt mal dieser gelbe Löwenzahn hier. *(nimmt eine gelbe Blüte)*
Er stirbt an Ostern, die Blüte verwelkt. *(nimmt eine verwelkte Blüte).*
Aber dann verwandelt die Blüte sich. *(nimmt vorsichtig eine Pusteblume)*
Und Jesus wird von den Toten auferweckt und fährt zum Himmel.
(sie pustet die Pusteblume)

Tommy: Ja! Ich verstehe! … Und Gottes Geist weht doch! Damit verbreitet Gott seine Botschaft in alle Welt! Das ist Pfingsten.

Lucy: Genau! Und in jedem noch so kleinen Spalt setzen sich die Geschichten von Jesus fest und breiten sich aus. Und wir pusten kräftig mit.
(Lucy pustet noch eine Pusteblume)

Pfarrerin: Lucy, du hast einen echten Ostern-Himmelfahrts-Pfingstblumenstrauß gepflückt! Danke! Dann stell ihn jetzt mal in unsere Mitte.

Lucy: Mach ich. *(Lucy stellt die Blumen in die Mitte. Einen Moment warten.)*

Pfarrerin: Wir feiern Gottesdienst:
Im Namen Gottes des Vaters, der Verwandlung möglich macht,
im Namen des Sohnes, der in den Himmel aufgefahren ist
und im Namen des Heiligen Geistes, der weht, wo er will und der dabei die frohe Botschaft weiterverbreitet.
Amen.

Der Kindergottesdienst hat ab hier seinen gewohnten Ablauf.

Kreative Ideen

Alle Sonntage

Fußspuren – In Jesu Nachfolge bis heute

Die Jünger sind auf dem Weg: (1) von Ostern in Jerusalem hin zum See Genezareth, daraufhin (2) zum Ort der Himmelfahrt und dann weiter nach (3) Jerusalem zum Pfingstfest. Fußabdrücke werden an jedem Sonntag stellvertretend für eine Geschichte in die Mitte gelegt. Auf ihnen können Stichpunkte aus der Erzählung gesammelt werden. Die Fußabdrücke spannen den Bogen von den Jüngern bis zu uns heute.
Wichtig: Am ersten Sonntag sind es von den Mitarbeitenden vorbereitete, sehr grob ausgeschnittene Fußabdrücke, am zweiten detaillierter (z.B. mit Zehen), am dritten Sonntag werden die Spuren zu unseren eigenen Fußabdrücken – wir selbst stehen und gehen in Jesu Nachfolge. Die Kinder malen ihre eigenen Füße ab. Darauf schreiben sie einen Spruch (z.B.: Jesus Christus spricht: »Ich bin bei euch.«) oder malen etwas zu der Geschichte. Die Fußabdrücke nehmen sie mit nach Hause.

Rogate

Schönes mit Löwenzahn

Der Löwenzahn ist eine den Kindern sehr bekannte Blume (nicht zuletzt durch die TV-Serie). Vielleicht erinnern sie sich an die Kurzgeschichte, an Ostern, Himmelfahrt oder Pfingsten, wenn sie ihn das nächste Mal pflücken bzw. pusten?
Wenn Löwenzahn in der Nähe wächst, könnten die Kinder sich *Löwenzahnkränze* basteln. Anleitung z.B. unter:
www.cooleralskaufen.com/blumenkranz-flechten-aus-loewenzahn /
www.pinterest.de/pin/858569116431534895/

Auch eine *Dekoration des Tisches*, an dem gemeinsam gegessen wird, ist möglich. Oder man stellt gemeinsam einen *Sirup* her:
www.arianes-kreativwerkstatt.de/blog/ich-fange-mir-den-fruehling-ein-teil-1-der-loewenzahn-loewenzahn-sirup-herstellen/

Himmelfahrt / Exaudi

Gespräch »Wie soll es nur weitergehen?«

Die Frage: »Wie soll es nur weitergehen?« dient als Gesprächsgrundlage.

- Was für Situationen sind das? Wie fühlen wir uns in solchen Situationen?
- Was könnte in solchen Situationen weiterhelfen?
- Wie kann die Kirche eine Hilfe sein?

Dann werden die Kinder an den ersten Gottesdienst erinnert: die Situation nach Ostern, als Jesus gestorben war, noch bevor sie Jesus am See getroffen haben:

- Wie fühlten sich die Jünger? Was dachten sie?
- Was passierte dann?

Die Erzählung des Himmelfahrts- / Exaudi-Gottesdienstes wird erinnert.

- Wie fühlen sich die Jünger jetzt? Was denken sie?

Das Gespräch sollte mithilfe der Regeln des »Theologisierens mit Kindern« geführt werden. Das Gespräch hat kein vordefiniertes Ziel, die Kinder entdecken selbst, was ihnen wichtig ist.
Danach ist es schön, den Kindern Zugang zu allen möglichen Materialien zu öffnen und sie selbständig kreativ werden zu lassen:

Freie, kreative Gestaltung

Impuls: »Wir haben über die Frage ›Wie soll es nur weitergehen?‹ geredet und über Jesu Himmelfahrt, (außerdem über ... *hier ggfs. Schlagworte des Gesprächs nennen*). Was möchtet ihr nun gestalten? Nehmt euch von dem Material, was ihr wollt. Wer Hilfe braucht, kann uns gerne fragen.«

Pfingsten

Forschungsprojekt

Impuls: »Die Fußspuren führen von Ostern über Himmelfahrt und Pfingsten bis direkt zu unseren eigenen Füßen. Wir sind selbst Nachfolger Jesu! Wie geht ›die Sache Jesu‹ bei uns konkret vor Ort weiter?«

- Kinder sammeln, welche Gruppen und Kreise es in der Gemeinde gibt, vielleicht mit Hilfe des Gemeindebriefes oder der Homepage. Eine Collage wird erstellt.
- Kinder überlegen, welche Gruppen und Kreise sie besuchen möchten. Verabredungen werden getroffen. Dabei werden Fotos gemacht und eine Ausstellung vorbereitet.
- Gespräch (evtl. nach der Exkursion): Wo braucht es einen »neuen Geist«, neuen Schwung? Was fehlt euch Kindern in unserer Gemeinde? Was würdet ihr ändern / beibehalten?

Lied: Geh mit uns

Zu dem Lied »Geh mit uns«, LH 1,19 werden mit größeren Kindern neue Strophen getextet. Dazu können Themen von der Collage verwendet werden. Kleinere Kinder können das »Ostinato« durchgehend immer singen, auch während der Strophen. Das fertige Lied könnte in einer Prozession durch die Kirche / das Gemeindehaus gesungen werden.

Stichworte:
Abendmahl, Mitgehen Gottes, (Fuß-)Spuren, Vertrauen

Katrin Rouwen

Ich erzähl' dir was von Gott

16.06.2019
(Trinitatis)
Gott ist wütend und mitleidend
(2 Mose 32,7-14)
Goldenes Kalb → Gott [illegible]

23.06.2019
(1. Sonntag nach Trinitatis)
Gott ist sanftmütig
und einfühlsam
(1 Könige 19,8-15)
Gott am Berg Horeb

30.06.2019
(2. Sonntag nach Trinitatis)
Gott ist großzügig und fröhlich
(Lukas 15,11-32)
verl. Sohn

Didaktische Klammer
»Theologisch – liturgisch – gestalterisch«
Diese Einheit geht an den Kern biblischer Tradition: von Gott erzählen!
In der Rostocker Langzeitstudie hat Prof. Anna-Katharina Szagun entdeckt, dass Kinder viele Gottesbilder brauchen. Wir müssen ihnen viele Gottesbilder anbieten, aus denen sie auswählen können. Diese Reihe bietet drei ganz unterschiedliche Momente, in denen sich Gott zeigt, und wir merken: Gott lässt sich nicht festlegen und kommt überraschend und anders.

Gott ist wütend.
Gewaltig tritt er auf und will das Volk mit seinem Zorn vernichten. Es gefällt ihm nicht, dass das Volk sich mit dem goldenen Kalb von ihm abwendet und andere Götter sucht. Mose tritt ein für sein Volk und fragt nach den alten Verheißungen der Väter Abraham und Isaak, die Gott zugesagt hat. An dieser Stelle trifft Mose den richtigen Ton. Gott ist wütend, ja, aber er leidet mit. Gott bereut seinen Zorn.

Gott ist sanftmütig und einfühlsam.
Höhen und Tiefen des Lebens hinterlassen ihre Spuren. Es ist zum Weglaufen, ja, zum Aufgeben. Doch so leicht ist das nicht. Gott stärkt Elia und bestellt ihn an den Ort, an dem er sich schon einmal gezeigt hat, mit seinem Namen »Ich bin da!«, dem Gottesberg Horeb. Elia hört. Diesmal kommt Gott anders: nicht im heftigen Sturm, nicht im Feuer und nicht im Erdbeben. Elia erlebt einen sanften, fürsorglichen und geduldigen Gott, unerwartet leise kommt er daher.

Gott ist großzügig und fröhlich.
Im Gleichnis vom verlorenen Sohn zeichnet uns Jesus dieses Bild von Gott: Unverdient großzügig, barmherzig und gütig ist er. Gegen jede Erwartung und gegen jedes schlechte Gewissen nimmt der Vater seinen Sohn in Empfang. Gott lässt Menschen ziehen, wie ein Vater seine Kinder ziehen lässt, und freut sich über jeden einzelnen Menschen, wenn er zurückkehrt. Ausgelassen und fröhlich wird dieser Moment ausgekostet. In diese Fröhlichkeit mischen sich Zuschauer ein. Der andere Sohn, der diese Großzügigkeit nur schwer ertragen kann. Ja, Gott ist nicht zu fassen.
Diese Geschichten stecken voller Bewegungen und wollen erlebt und erfahren werden. Geht an andere Orte, richtet einen »Erzähl-Ort« ein und lasst die Geschichten draußen wirklich werden. Mit der Aufforderung an die Kinder: »Erzähl DU mir was von Gott!« können die Kinder das Gehörte vertiefen, eigene Erfahrungen teilen und einbringen.

Liturgische Gestaltung

Kerzenwort
Ich zünde die Kerze an:
Gott ist Licht –
schafft die Sonne und das Leben.
Gottes Wort ist Licht –
Licht in der Dunkelheit
Jesus ist das Licht –
Licht für dich und mich.
Ich erzähl' dir was von Gott.
– *Klang* –

Psalmgebet mit Bewegungen

Ich-werde-dasein, das ist dein Name, in dir bin ich geborgen.	*Arme öffnen und ausstrecken* *Arme vor der Brust kreuzen*
Himmel und Erde hast du gemacht und alle, die darauf wohnen.	
Ich-werde-dasein, das ist dein Name, in dir bin ich geborgen.	*Arme öffnen und ausstrecken* *Arme vor der Brust kreuzen*
Du kommst zu den Menschen und siehst und kennst ihre Schmerzen.	
Ich-werde-dasein, das ist dein Name, in dir bin ich geborgen.	*Arme öffnen und ausstrecken* *Arme vor der Brust kreuzen*
Du kommst zu den Zweiflern, den Fröhlichen, den Traurigen und den Hoffenden.	
Ich-werde-dasein, das ist dein Name, in dir bin ich geborgen.	*Arme öffnen und ausstrecken* *Arme vor der Brust kreuzen*
Du bist bei denen, die nach dir fragen und auf dich vertrauen. Du bist da mit deinem Segen.	
Ich-werde-dasein, das ist dein Name, in dir bin ich geborgen.	*Arme öffnen und ausstrecken* *Arme vor der Brust kreuzen*

Gebet

Gott, ich kann dich nicht fassen.
Nicht mit den Händen,
nicht mit den Augen.

Gott, ich kann dich nicht fassen.
Nicht im Lärm der Welt,
nicht in den stillen Momenten.

Gott, ich kann dich nicht fassen.
Wenn ich wütend bin,
wenn ich traurig bin
und wenn ich mich freue.
Und doch weiß ich: Du bist da!

Schlussgebet

Freies Fürbittengebet zum Lied
Sei einmal ganz leis' (KIMMIK 1, 31)
Nach jeder Strophe erzählen die Kinder, was sie sich einander wünschen!

Feiern – Teilen

Erzähl-Ort einrichten
Für den Erzähl-Ort braucht es ein kleines Tuch, eine Kerze und einen Klang. Das kann ein Klangstab, eine Klangschale oder ein Windspiel sein. Mit dem Anzünden der Kerze, dem Kerzenwort und dem Klang beginnt die Geschichte von Gott. Nach der Erzählung wird die Kerze ausgepustet und ein Klang zum Schluss angeschlagen. Nach einem kurzen Moment der Stille werden die Kinder aufgefordert: Erzähl' DU mir was von Gott … und miteinander kommen wir ins Gespräch.

Sendung – Segen

Zum Segenswort gehört die Geste. Eine schöne Geste ist das Umbinden von Segensbändern. Man bindet seinem Nachbarn das Band um das Handgelenk, spricht sich das Psalmwort zu und ist mit Gott bildlich verbunden. Psalmenarmbänder gibt es über das Michaeliskloster Hildesheim, Fachbereich Kindergottesdienst, je Band für 50 Cent.

www.material-michaeliskloster.de/materialien/kindergottesdienst oder bei der Bayrischen Kinderkirche zum selben Preis unter www.afgshop.de/catalogsearch/result/?q=Segensbändchen

Kurzgeschichte

Es gibt besondere Orte, da fühlt man sich Gott ein bisschen näher als an anderen Orten. Orte, an denen man anders offen ist für Geschichten von Gott. Kraftorte. Gerade im Sommer erleben Kinder Freiheit und Fülle in der Natur. Auch Klöster können solche Orte sein. An OasenTagen für Kinder im Kloster Wülfinghausen haben wir solche Erfahrungen gemacht. Vor allem die Schwestern im Ornat hatten eine besondere Anziehungskraft. Na klar, haben sie von ihrem Leben und von Gott erzählt. Vielleicht gibt es in der Nähe so einen besonderen Ort, an dem die Kindergottesdienste »Ich erzähl' dir was von Gott« lebendig werden.

»Kommst du? Es wird Zeit. Wir müssen pünktlich sein, sonst fährt der Bus ohne dich!«, brüllt Mama in mein Zimmer. Sie hat mich angemeldet. Einfach so. Sie braucht mal einen Tag Pause, hat sie gesagt. Da wird es mir gut gehen, hat sie gesagt. Mir geht es gut. Wirklich. Auch wenn meine Laune nicht immer die beste ist. Mama braucht Pause von mir: ›Du bist bockig, anstrengend und stehst im Weg', sagt sie. Ich denke: Mama ist nervig, schikaniert und hetzt mich andauernd und jetzt soll ich in einen Bus einsteigen, wo ich niemanden kenne. Und wo geht es hin? Ins Kloster. Ich weiß gar nicht, was das ist. Wenn Mama eine Pause braucht, dann soll sie doch dahingehen. Oasentag. Leben wir etwa in der Wüste?
»Na komm' schon, da triffst du viele Kinder!« lockt Mama. Genau. Da treffe ich viele Kinder. Hat Mama etwa noch nicht begriffen, dass ich gerne alleine bin? Ganz allein, mit mir allein! Ich schleppe mich aus der Haustür und werde am Bus freundlich empfangen. Ich mag nicht freundlich-empfangen-werden. »Du bist also Carlo, dann sind wir komplett!« höre ich die freundliche Frau rufen, »es kann losgehen!« »Für heute kannst du dich an mich wenden, Carlo, ich bin für dich da!« Ich setze mich in die letzte Ecke. Ich brauche keinen. Leider fahren wir nur 20 Minuten. Los geht's ins Getümmel. Ein Tisch zur Anmeldung mit Kasse und Namensschilder. Es reicht doch, wenn die Frau meinen Namen kennt. Wer ein Schild hat, geht weiter in die kleine alte Klosterkirche, am Steinbecken vorbei zu den Stühlen. Die Kerzen auf dem Tisch brennen, Sonnenblumen stehen daneben und in den schwarzen hohen Kirchenbänken sitzt eine Handpuppe. Eine Gitarre steht auch noch rum. Was soll ich hier? Es riecht alt, ich kenne keine Kirchenlieder und habe keinen Bock auf Handpuppen. Vorsichtig verstecke ich mein Namensschild unter dem Pullover und verschwinde in die letzte Reihe. »Da wird es dir gut gehen« habe ich noch im Ohr. Nein, wird es nicht.
Beten, Singen, ein freundliches »Hallo« und die Ankündigung auf einen außergewöhnlichen Tag in Gottes Nähe. Die anderen Kinder machen mit und kennen sich aus. Die

wissen, wie das hier läuft, und singen mit. Für einen echt außergewöhnlichen Tag wünsche ich mir einen Freizeitpark mit Achterbahnen und kein Kloster.
So gestimmt schalte ich ab, warte darauf, dass es vorübergeht und mache mich unsichtbar. Klappt leider nicht. Auch wenn ich nicht zuhöre, kommen doch einige Worte in meinem Kopf an und kreisen herum: Steh auf und iss. Stärke dich, denn du hast noch einen weiten Weg vor dir.
Bald gibt es Essen – Mini-Pizzen aus der Klosterküche. Ich verpiesel mich an den kleinen Bach hinter dem Haus. Der Klosterhund stupst mich an und will gestreichelt werden. Aus dem Innenhof höre ich lautes Kinderschreien. Als ich um die Ecke gucke, versucht eine Schwester in ihrem grauen Gewand auf einer riesigen Weltkugel zu balancieren und zieht sich hoch. Die Kinder sichern und feuern sie an. Ob sie das schafft? Da kommt die nächste Aufregung. Wespenalarm an bunten Trinkbechern und natürlich werden Kinder gestochen. Sofort zupft eine Schwester ein Blatt Sauerampfer aus der Wiese und reibt es auf den Stich. Es hilft. Ich setze mich auf die Treppe zum Innenhof. Der Hund bleibt an meiner Seite. Da sitzt noch eine alte Schwester und erzählt den Kindern am Rockzipfel von den Knoten in der Kordel ihres Gewandes und ihrem Leben mit Gott.
»Na, Carlo«, ich zucke zusammen und schaue runter auf mein Namensschild, »hast Du jetzt deinen Platz gefunden?« Ich schaue sie an. Sie lächelt freundlich. »Hier findet noch jeder seinen Platz« sagt sie und ich merke, sie hat Recht. Keiner nervt, hetzt oder schikaniert. Keiner steht im Weg. Das tut mir gut. Und irgendwie bin auch ich plötzlich in der Nähe Gottes und merke »Ich bin da!«.

Kreative Ideen

Trinitatis – Gott ist wütend und mitleidend (2 Mose 32,7-14)

Erzähl-Ort: ein steiniger Ort oder am Fuße eines kleinen Berges

Ein Ausdruck von Wut ist Schreien.
Übung »Der Schrei«: Manche Kinder sind in ihrem Alltag Schreien und Lärm gewohnt. Schnell wird es laut im Klassenzimmer. Sie erleben: Wer laut ist, wird gehört. Heute sind alle laut. Nicht alle auf einmal, nein, jede*r für sich. Manchmal kann so ein Schrei auch befreiend sein, der Druck aus dem Körper kann endlich raus. Für diese Übung braucht es einen Ort, der abgelegen oder geschützt ist und nicht viele Menschen vorbeikommen.
Es gibt eine gemeinsame Startlinie. Nacheinander laufen die Kinder in die gleiche Richtung wie bei einem Laufwettkampf. Jede*r läuft und schreit zugleich, solange die Luft reicht! Dort, wo der Schrei endet, bleiben die Läufer*innen stehen. Das gibt ein buntes

Bild. Nicht unbedingt legen die lautesten Schreihälse auch die längste Strecke zurück. Eine Übung mit Überraschungen.

1. Sonntag nach Trinitatis – Gott ist sanftmütig und einfühlsam (1 Könige 19,8-15)

Erzähl-Ort: im Sand oder auf einer Wiese

Gott setzt in Bewegung
An jedem Platz liegt ein Chiffontuch (Jongliertuch) bereit. Die Kinder suchen sich einen Partner, probieren aus, werfen die Tücher in die Luft, lassen sich treiben und kommen zum Schluss im Kreis zusammen. In einer Moderation kann man mit Tüchern den Weg des Elia nachgehen und die Tücher »erzählen« lassen.

Elia hört. Ein überraschendes Klangerlebnis.
Klangrohr – Länge im Durchschnitt 75 cm. Auf den ersten Blick ist es nur ein Schlauch. Doch in diesem Rohr stecken Töne. Die Töne werden hörbar, wenn das Rohr sich dreht. Je schneller das Rohr gedreht wird, desto mehr Klangveränderungen sind zu beobachten. Mindestens fünf Töne stecken in dem Rohr. Wenn die Rohre auf verschiedene Längen geschnitten werden, kann man die Klänge und Effekte auch variieren.
Wer kein professionelles Klangrohr hat, kann aus »Kunstoffwellrohr« selber Rohre in unterschiedlichen Längen zuschneiden. Kunststoffwellrohr ist in schwarz oder grau in jedem Baumarkt erhältlich. Tipp: Schwinge das Rohr über dem Kopf mit genügend Abstand zu den anderen Kindern, damit sich niemand verletzt.

2. Sonntag nach Trinitatis – Gott ist großzügig und fröhlich (Lukas 15,11-32)

Erzähl-Ort: auf einem Hof oder in einer Scheune

Festvorbereitungen: Lasst uns essen und fröhlich sein!
Ein Hoffest im Sommer mit Musik und Essen und Spielen, zu dem alle Generationen eingeladen sind, wäre ein schöner Abschluss für diese Reihe. »Ich erzähl' dir was von Gott!« steht auf der Einladung mit der Bitte um festliche Kleidung. Für Kinder steht eine Verkleidungskiste mit schönen Kleidern und Tüchern bereit. Auf dem Hof wird ein Erzähl-Ort eingerichtet. »Erzähl DU mir was von Gott …!« … vielleicht haben auch andere Besucher den Mut und Lust zu erzählen. Frisches Brot und kaltes Wasser wären das schnellste Festessen, aber da gibt es sicher genug eigene Anregungen.

Foto: © Susanne Paetzold

Spiele für das Fest
Hindernisparcours an einem Seil einrichten, den die Besucher mit verbundenen Augen absolvieren. Die Hindernisse können an die Stationen des Weges des verlorenen Sohnes erinnern: Koffer packen, Geldmünzen zählen, Trockenfutter und Kartoffelschalen ertasten u.Ä. Der Parcours endet an einem festlichen Tisch.

Verkleidungsstaffel
In zwei Gruppen gegeneinander eine Staffel laufen. Kostbare Gewänder, Ring, Kopfbedeckung, Halstuch, Handschuhe und Schuhe müssen gewechselt werden, ehe der Staffelstab an den nächsten Mitspieler*in übergeben wird.

Gott ist großzügig
Sandkasten mit »Schätzen« füllen, die die Kinder heraussieben und suchen.

»Das ist ungerecht« denkt der Bruder.
ZielSchwammWerfen: Ein Kübel mit Wasser und Schwämmen liegen bereit. An der Wand hängt eine selbstgestaltete Zielscheibe. Die nassen Schwämme hinterlassen Abdrücke. Es kann auch eine Tapetenbahn an der Mauer hängen und mit Schwämmen mit bunter Farbe »beworfen« werden. Das gibt dem Fest einen bunten fröhlichen Eindruck.

Stichworte:
Der verlorene Sohn, Elia, Erzähl-Orte, Feiern, Gott, leise, Mose

Susanne Paetzold

Ganz schön weise
Sprichwörter und Redensarten aus der Bibel

07.07.2019
(3. Sonntag nach Trinitatis)
Wer anderen eine Grube gräbt ...
(Sprüche 26, 27)

14.07.2019
(4. Sonntag nach Trinitatis)
Fleißig wie die Ameise
(Sprüche 6,6-8)

21.07.2019
(5. Sonntag nach Trinitatis)
Wie der Wolf im Schafspelz
(Matthäus 7,15)

Didaktische Klammer

Sprichwörter und Redensarten begegnen uns im Alltag immer wieder.
Wir hören Sätze wie, »das ist mir ein Dorn im Auge«, » im Dunkeln tappen«,
»etwas hinausposaunen«, »jemanden die Leviten lesen« oder »ein Herz und ein Seele sein«.
Dass diese Sätze aus der Bibel stammen, ist uns oft nicht bewusst.
Bereits im 3. und 2. Jahrtausend vor Christus gab es in Ägypten, Mesopotamien und Arabien eine Weisheitsliteratur.
Das Volk Israel hat dazu seinen eigenen Beitrag geleistet. Vieles davon findet man in den Sprüchen Salomos, der für seine sprichwörtliche Weisheit bekannt ist. Das besondere in der Bibel, im Gegensatz zur altorientalischen Literatur, ist die Verbindung von Weisheit und Gottesbeziehung.
Bei der Übersetzung der Bibel ins Deutsche hat Martin Luther versucht, eine möglichst lebensnahe Sprache zu finden. Daher haben viele Redewendungen im Alltag ihren Platz gefunden.
Allerdings gehen auch aufgrund der oft sehr verkürzten Sprache in den neuen Medien Sprichwörter und Redensarten immer mehr verloren.
Daher sind sie heute vielen Kindern unbekannt, bzw. verstehen diese den Sinn nicht.
Daneben ist das Sprachverständnis der Kinder altersabhängig und jüngere Kinder nehmen vieles wörtlich.
Diese Reihe will drei biblische Sprichwörter aufgreifen, um den Kindern im Kindergottesdienst deren Bedeutung und Herkunft deutlich zu machen.
Bei »Wer anderen ein Grube gräbt, fällt selbst hinein« geht es um die Themen Betrug, Unehrlichkeit und daraus entstehendes Misstrauen.
»Fleißig wie die Ameise« beschäftigt sich mit der Frage, wie ich mein Leben sinnvoll gestalten und meine Talente einsetzen kann. Als Ergänzung eignet sich hier das Gleichnis von den Talenten (Matthäus 25,14-18)
Einen auf den ersten Blick friedlichen Menschen, der jedoch böse Gedanken in sich trägt, beschreibt der »Wolf im Schafspelz«.

Liturgische Gestaltung

Zusammenkommen – sich Gott zuwenden

Votum

Wir feiern gemeinsam
im Namen Gottes,
der uns so geschaffen hat, wie wir sind.
(erste Kerze anzünden)
im Namen Jesus,
der für alle Menschen da war
(zweite Kerze anzünden)
und im Namen des heiligen Geistes,
der uns hilft, gut miteinander umzugehen.
(dritte Kerze anzünden)

Hören und Antworten

Psalm 1

Text	**Bewegungen**
Gott, du hast mich geschaffen.	*Hände nach oben*
Ich bin wie ein starker Baum mit Wurzeln, die mich im Boden halten.	*Füße nacheinander fest auf den Boden stellen*
Du lässt mich wachsen.	*Arme nach oben strecken*
Mit meinem Tun kann ich viel Frucht bringen.	*Hände bleiben nach oben gestreckt und formen kleine Kugeln*
Alles, was du machst, ist gut.	*Hände vor dem Körper kreuzen*

Kurzgeschichte

3. Sonntag nach Trinitatis

Wer anderen eine Grube gräbt … (Sprüche 26,27)

Immer wenn Oma zu Besuch kam, brachte sie diese leckeren Bonbons mit. Und weil es diese Bonbons nur dort zu kaufen gab, wo Oma wohnte, aß Lea nur jeden Samstag eines davon.

Doch heute war Lea sauer. Tino hatte es schon wieder gemacht, obwohl er ihr versprochen hatte, es nie mehr zu tun.

Beim ersten Blick in ihre Schatzkiste hatte sie sofort gemerkt, dass etwas fehlt. Sie wusste genau, dass sie noch 5 von ihren Lieblingsbonbons in der Kiste gehabt hatte, aber jetzt waren es nur noch 4. Es konnte nur Tino gewesen sein, denn er mochte die Bonbons genauso gerne wie sie. Aber seinen Vorrat hatte er ja schon wieder aufgegessen.

Doch was tun? Sollte sie ihn darauf ansprechen? Aber Tino würde es sowieso nicht zugeben. Da hatte Lea eine Idee. Sie schlich sich in die Küche und holte eines von den super scharfen Bonbons, die Mama und Papa immer so gerne lutschten. Dann steckte sie sich eines ihrer Lieblingsbonbons in den Mund. In das leere Papier wickelte sie das scharfe Bonbon ein. Dann legte sie es in ihre Schatzkiste. Jetzt würde Tino sich wundern, wenn er sich wieder ein Bonbon holte.

Am nächsten Samstag öffnete Lea ihr Schatzkiste.

»Das Bonbon ganz links ist das scharfe«, dachte sie und nahm ein anderes. Doch kaum hatte sie es in den Mund gesteckt, bekam sie kaum noch Luft. »Was ist denn los mit dir«, fragte die Mutter, die gerade ins Zimmer kam. »Ich habe aus Versehen das scharfe Bonbon erwischt, das eigentlich für Tino gedacht war«, gab Lea zu.

Da schmunzelte die Mutter und sagte: »Wer anderen eine Grube gräbt, fällt selbst hinein.« »Aber ich habe doch gar keine Grube gegraben, sondern nur ein Bonbon ausgetauscht«, sagte Lea.

4. Sonntag nach Trinitatis

Fleißig wie die Ameise (Sprüche 6,6-8)

Gestern hatte Tim schon seinen kleinen Rucksack eingepackt. Nun noch schnell die gefüllte Brotzeitdose und die Trinkflasche dazulegen und dann konnte es losgehen. Seit Tagen freute Tim sich schon auf diesen Tag, denn heute machte seine Klasse mit ihrem Klassenlehrer Herrn Huber einen Ausflug. Zuerst wollten sie einen Förster besuchen, der ihnen viel Spannendes über den Wald erzählen sollte. Danach war ein Besuch im Naturbad geplant. Das wurde bestimmt toll.

Allerdings hatte Tim auch ein wenig Bedenken, denn beim letzten Ausflug hatten Lea und Michael nur Unsinn angestellt. Herr Huber hatte gedroht, wenn sich diesmal wieder jemand nicht an die Regeln hält, würden sie umkehren.

Als sich die Schüler zu zweit angestellt hatten, ging es los. Nach kurzer Zeit erreichten sie den Wald und trafen den Förster. Sie gingen in den Wald hinein und hörten dem Förster gespannt zu. Er erklärte ihnen, woran man das Alter der Bäume erkennen konnte, was Pilze und Bäume miteinander zu tun hatten und welchen Tieren man im Wald begegnen konnte.
Plötzlich rief Herr Huber:
»Lea, Michael, was macht ihr denn da.« Alle schauten zu den beiden.
Lea und Michael standen vor einem Ameisenhaufen und stocherten mit Stöcken darin herum.
»Sofort aufhören«, rief nun auch der Förster. »Wisst ihr den nicht, wie fleißig die Ameisen sind?«
Lea und Michael schauten den Förster ganz erschrocken an.
Dann erklärte der Förster ihnen.
»So ein Ameisenhaufen ist eine ganz tolle Sache. Die Ameisen müssen ganz schön schuften, bis sie so etwas gebaut haben. Aber die Ameisen sind ein super Team und jeder hat seine Aufgabe. Es gibt Königinnen und Arbeiterinnen. Die Arbeiterinnen räumen im Ameisenhaufen auf und kümmern sich um den Nachwuchs.
Die Außenarbeiter melken Blattläuse und die Ameisensoldaten kämpfen gegen Feinde. Wenn die Ameisen eine Futterquelle entdeckt haben, informieren sie sich gegenseitig über eine Duftspur.
Außerdem können Ameisen ziemlich schwere Sachen schleppen, die Waldameise, die ihr hier seht, kann das 30- bis 40fache ihres Körpergewichtes tragen.«
Alle Kinder sind überrascht, was die Ameisen alles können.
»Jetzt weiß ich, warum meine Mutter manchmal sagt: Du bist ja fleißig wie eine Ameise«, flüstert Tim seinem Freund Michael zu.

5. Sonntag nach Trinitatis

Wie der Wolf im Schafspelz (Matthäus 7,15)

Es war einmal ein trauriger alter Wolf. Er lebte auf einem Hügel, von dem aus er einen guten Blick ins Tal hatte. Im Tal wohnte ein Schafhirte mit seiner Herde. Jeden Tag beobachtete der Wolf die Schafe. Fröhlich sprangen sie umher und hatten scheinbar großen Spaß miteinander.
Sie spielten Verstecken, rannten um die Wette und probierten aus, wer am lautesten blöken konnte. Wie gerne hätte der Wolf da mitgemacht. Aber er wusste genau, sobald er sich der Schafherde näherte, käme der Hirte und würde ihn vertreiben. Der Wolf überlegt, was er machen könnte.
Schließlich hatte er eine großartige Idee. An diesem Abend wartete er, bis im Tal alle tief und fest schliefen, dann schlich er den Hügel hinunter.
Vorsicht näherte er sich dem schlafenden Hirten. Ganz langsam zog er das alte Schaffell, das neben dem Hirten lag, zu sich und wickelte sich darin ein. Dann versteckte er sich ganz am Rande der Wiese. Am nächsten Morgen kam ein kleines Lamm zum Wolf im Schafspelz. Weil das Lamm noch sehr jung war, erkannte es nicht, dass es eigentlich einen Wolf vor sich hatte. »Willst du mit mir spielen?«, fragte das Lamm den Wolf. Im

ersten Moment wollte der Wolf sich auf das Lamm stürzen, aber dann fiel ihm ein, dass er erst noch ein bisschen mit ihm spielen wollte.

Doch bevor das Spiel beginnen konnte, hörte der Wolf Hundegebell und eine laute Stimme brüllte: »Verschwinde!« Erschrocken drehte sich das kleine Lamm um und sah den Hirten, der angerannt kam. »Verschwinde, du Wolf im Schafspelz«, schrie der Hirte. Schnell rannte der Wolf davon.

Der Hirte ging zu dem kleinen Lamm und sagte: »Wölfe im Schafspelz gibt es bei den Menschen leider auch.« Verwundert schaute das kleine Lamm den Hirten an und dachte noch lange über das nach, was er gesagt hatte.

Kreative Ideen

3. Sonntag nach Trinitatis

Schachtel mit Süßem

Mit den Kindern eine Schachtel falten und mit selbstgemachten Leckereien füllen

4. Sonntag nach Trinitatis

Pantomime

Die Kinder stellen pantomimisch dar, was sie besonders gut können, alle anderen müssen raten, was dargestellt wird.

Wimmelbild

Wir gestalten unseren eigenen Ameisenhaufen. Auf ein großes Plakat drucken die Kinder mit Fingerfarben mehrere Fingerabdrücke, diese können noch mit Kopf und Beinen versehen werden. Kann am Schluss jeder seinen Fingerabdruck entdecken?

Alternativ kann man ein Wimmelbild aus Zeitungsausschnitten oder Zeichnungen gestalten.

Um das fertige Bild genauer anzuschauen, kann man einen kleinen, weißen Glasnugget zur Hilfe nehmen.

5. Sonntag nach Trinitatis

Schaf und Wolf

Auf der einen Seite stehen die Schafe, auf der anderen der Wolf.

Der Wolf ruft: »Wer hat Angst vorm bösen Wolf.«

Die Schafe rufen: »Niemand«

Dann müssen Schafe und Wolf die Plätze tauschen. Auf diesem Weg versucht der Wolf, so viele Schafe wie möglich zu fangen.
Die gefangenen Schafe werden nun auch Wölfe und unterstützen den Wolf in der nächsten Spielrunde.

Schafrennen
Alle Schafe veranstalten ein Schafrennen. Eine Leitungsperson macht die Bewegungen vor.
Wenn die Schafe laufen, mit den Händen auf die Oberschenkel klopfen.
Dann erleben die Schafe bei ihrem Rennen verschiedene Dinge, die in die Bewegungen eingebaut werden.
Zum Beispiel: Linkskurve, Rechtkurve, jubelnde Zuschauer, Hindernis zum Überspringen.

Stichworte:
Falle, Fleiß, Misstrauen, Vertrauen

Janine Lobenhofer

Mehr als Worte sagt ein Lied

28.07.2019
(6. Sonntag nach Trinitatis)
Geh aus mein Herz

04.08.2019
(7.Sonntag nach Trinitatis)
Amazing Grace

11.08.2019
(8. Sonntag nach Trinitatis)
Von guten Mächten

18.08.2019
(9. Sonntag nach Trinitatis)
Swing low/Deep river

Die didaktische Klammer

Kinder singen gern und mit Freude, besonders, wenn sie sich mit dem Lied identifizieren. Je nach Alter mögen sie auch Bewegungen zu Liedern.
Lieder stiften Gemeinschaft. Sie lockern nicht nur den Kindergottesdienst auf, sondern loben, danken und bitten oder klagen zu Gott. Lieder im Kindergottesdienst unterscheiden sich von »Alltagsliedern«, z.B. im Radio, und bringen den Sonntag in uns zum Klingen. Sie weiten unsere Seele durch ihre Texte und Musik, lassen uns träumen und fliegen.
Die vorgeschlagenen Lieder sind den meisten Erwachsenen bekannt, Kindern vielleicht weniger. Die Lieder haben jedes für sich eine interessante Geschichte. Sie wurden von Menschen gedichtet, die aus dem Glauben an Gott lebten. Das ist den Liedern abzuspüren. Sie stammen aus verschiedenen Zeiten und Zusammenhängen.
Den Zugang für Kinder verschiedener Alltagsstufen zu finden, ist bei den deutschen Liedern vermutlich einfacher als bei den englischen, die im Kindergottesdienst übersetzt werden sollten.

Zusammenkommen – sich Gott zuwenden – Hören – Antworten

Nach Psalm 98

Alle: Singet dem HERRN ein neues Lied, denn er tut Wunder.
(auch als Liedruf, z.B. in Lebenslieder 170)

Gott macht alles heil mit seiner rechten Hand und mit seinem Arm.
Alle werden es wissen;
alle Völker sehen Gottes Gerechtigkeit.
Voller Güte und Treue denkt er an das Volk Israel,
alle Enden der Welt sehen das Heil unsres Gottes.

Alle: Singet dem HERRN ein neues Lied, denn er tut Wunder.

Jubelt GOTT zu, alle Welt,
singt, rühmt und lobt!
Lobt GOTT mit Harfen,
mit Harfen und mit Saitenspiel!
Mit Trompeten und Posaunen
jubelt vor GOTT, dem König!

Alle: Singet dem HERRN ein neues Lied, denn er tut Wunder.

Das Meer brause und was darinnen ist,
der Erdkreis und die darauf wohnen.
Die Ströme sollen sich freuen,
und alle Berge seien fröhlich vor GOTT;
denn er kommt und bringt Gerechtigkeit auf die Erde.

Alle: Singet dem HERRN ein neues Lied, denn er tut Wunder.

Feiern und Teilen

Geh aus mein Herz

Paul Gerhardts (geb. 12.03.1607) sommerliches Lied »Geh aus mein Herz« wurde fünf Jahre nach dem Ende des Dreißigjährigen Krieges erstmals veröffentlicht. Im direkten, auch zeitlichen Zusammenhang und Gegensatz zum Krieg gewinnt es eine leuchtende Strahlkraft. Vor allem, wenn man um die Schicksalsschläge und Verluste im Leben des Pfarrers weiß: Paul Gerhardt (der erst mit 47 Jahren geheiratet hatte) und seine Frau verloren vier ihrer fünf Kinder, als sie noch klein waren. Nach 12 Jahren Ehe starb auch Paul Gerhardts Frau. Paul Gerhardt wurde 69 Jahre alt. Die Geschichte Paul Gerhardts kann den Kindern im geschichtlichen Kontext erzählt werden. Nach der langen Kriegszeit beschreibt er den Aufbruch der Natur und der Menschen. Pflanzen, Menschen und der Glaube an Gott erblühen erneut. In kraftvollen und bildreichen Worten beschreibt das Lied die Schönheit der Natur, an der das Herz sich einfach erfreuen muss. Ausgehend von der Natur erzählt der Dichter von sich selbst (Strophe 8) und leitet damit zur Schönheit des göttlichen Gartens, des Paradieses, über, in der der Mensch wie ein Baum ist.

Zum Lied werden Bewegungen erfunden, die das Erlernen und Singen des Liedes in den ersten sieben Strophen erleichtern.

Liedtext	**Bewegung**
1) Geh aus, mein Herz, und suche Freud	*Hände vom Herzen nach außen führen*
in dieser lieben Sommerzeit	*mit den Fingern Insekten fliegen lassen*
an deines Gottes Gaben;	*Hände zur Schale formen*
schau an der schönen Gärten Zier	*Hand über die Augen halten und »schauen«*
und siehe, wie sie mir und dir	*mit dem Finger auf mich und dich zeigen*
I: sich ausgeschmücket haben, :I	

2) Die Bäume stehen voller Laub,	*sich groß machen wie ein Baum mit Ästen*
das Erdreich decket seinen Staub	*die Hände über dem Boden spreizen wie eine ausgebreitete Decke*
mit einem grünen Kleide;	
Narzissus und die Tulipan,	*Blumenzwiebel in den Händen halten*
die ziehen sich viel schöner an	*ein unsichtbares Kleid mit den Fingerspitzen hochheben*
I: als Salomonis Seide, :I	*mit den Händen eine Krone auf dem Kopf bilden*

3) Die Lerche schwingt sich in die Luft,	*Flugbewegungen mit den Armen machen*
das Täublein fliegt aus seiner Kluft	
und macht sich in die Wälder;	
die hochbegabte Nachtigall	
ergötzt und füllt mit ihrem Schall	
I: Berg, Hügel, Tal und Felder, :I	*mit den Händen zeigen*

4) Die Glucke führt ihr Völklein aus,	*die Arme ausbreiten wie eine Glucke und laufen*
der Storch baut und bewohnt sein Haus,	*auf einem Bein stehen*
das Schwälblein speist die Jungen,	*mit der einen Hand einen Schnabel bilden, der den Schnabel der anderen Hand »füttert«*
der schnelle Hirsch, das leichte Reh	*springen*
ist froh und kommt aus seiner Höh	
I: ins tiefe Gras gesprungen, :I	

5) Die Bächlein rauschen in dem Sand	*Wasserbewegungen mit den Händen machen*
und malen sich an ihrem Rand	
mit schattenreichen Myrten;	
die Wiesen liegen hart dabei	
und klingen ganz vom Lustgeschrei	
I: der Schaf und ihrer Hirten, :I	

6) Die unverdrossne Bienenschar	*mit den Händen Insekten fliegen lassen*
fliegt hin und her, sucht hier und da	
ihr edle Honigspeise;	
des süßen Weinstocks starker Saft	*mit den Händen einschenken*
bringt täglich neue Stärk und Kraft	
I: in seinem schwachen Reise, :I	

7) Der Weizen wächset mit Gewalt;	*mit den Händen Weizen wachsen lassen*
darüber jauchzet jung und alt	*jubelnd die Hände nach oben werfen*
und rühmt die große Güte	
des, der so überfließend labt	
und mit so manchem Gut begabt	
I: das menschliche Gemüte, :I	

Kurzgeschichte

Zum Lied »Amazing Grace« von John Newton

Mein Name ist John Newton. Ich wurde 1725 geboren. Ja, ihr seht mich heute als erwachsenen Mann. Aber ihr wisst nicht, wie ich zu dem wurde, der ich bin.

Meine Mutter starb früh. Du kannst dir vorstellen, wie schwer das für mich war? Meine liebe Mutter, die mir alles bedeutete!

Mein Vater heiratete wieder und – meine Stiefmutter hasste mich. Es war ein hartes Leben. Als ich es nicht mehr aushielt, lief ich von zuhause fort, um Schiffsjunge zu werden. Der einzige Mensch, der mir damals etwas bedeutete, war meine Kusine Polly. (*flüstern: In die war ich verliebt, weißt du?*)

Weil wir uns verabschieden wollten, verpasste ich mein Schiff. Nach Hause konnte ich nicht mehr.

Also heuerte ich auf einem Kriegsschiff an – das war die Hölle. Ich war nicht nur der Jüngste, auch der Geringste von allen. Für alle sollte ich der Laufbursche sein. Ich musste hart arbeiten. Niemand mochte mich. Immer gab es Streit. Ich wurde geschlagen, bekam kaum Essen, musste immer arbeiten. Die anderen nannten mich hochnäsig und starrköpfig. Dabei habe ich mir nur nicht alles gefallen lassen! Auf Madeira haben sie mich dann auf einem Handelsschiff eingetauscht – wie einen Sklaven. Sie wollten mich loswerden.

Wisst ihr überhaupt, was ein Sklave ist? (*sammeln*)

Ich habe am eigenen Leib erlebt, was es bedeutet, ein Sklave zu sein!

Ich kam nach Sierra Leone in Afrika. Dort gab man mir die Aufsicht über ein Sklavenlager. Ich muss euch bekennen: Ich war kein guter Aufseher. Damals glaubte ich, die Sklaven wären weniger wert als ich. Für mich waren sie Tiere, die mir noch weniger bedeuteten als Menschen. Darum habe ich die Sklavinnen und Sklaven schlecht behandelt, geschlagen und gequält. Das tut mir noch heute leid. Ich schäme mich und bereue es sehr

Es war aber auch für mich eine schreckliche Zeit. Ich war krank. Es ging mir schlecht. Ich war sauer und unzufrieden.
Doch dann kam ich wieder nach England und alles wurde besser. Ich fand Polly wieder. Und meinen Glauben an Gott. Ausgerechnet ich! Ausgerechnet durch einen Sturm! Früher habe ich mich über die, die an Gott glauben, lustig gemacht.
Ich war 26 Jahre alt. Wie Jona erlebte ich den schlimmsten Sturm meines Lebens. Ob es Gott war, der mich damit rief? Viele Menschen starben. Ich nicht. Die Schiffsladung ging verloren. Ich weiß noch genau, es war der 10. Mai 1748. Dieser Tag hat mein Leben geändert! Ich habe verstanden, dass Gott mich gerettet hat, weil er mich liebt. Sonst wäre ich verloren gegangen, ertrunken, wie viele andere. Davon erzählt die erste Strophe des Liedes, das ich gedichtet habe. Habt ihr Lust, es mit mir zusammen zu singen?

Lied: Amazing Grace, Strophe 1
Ich war einst verloren, doch ich wurde gefunden.
Ich war blind, aber nun kann ich sehen.

Ehrlich gesagt: Nach dem Sturm war ich immer noch blind: Obwohl ich Christ war und als Christ lebte, liebte ich noch nicht alle Menschen. Sklaven waren für mich wertlose Menschen, zum Arbeiten geboren. Ich glaubte wirklich, das müsste so sein: Manche Menschen sind eben Sklaven! Was denkt ihr darüber? …
Ja, ich arbeitete auf Sklavenschiffen und wurde sogar Kapitän. Ich war stolz, soviel erreicht zu haben. Doch dann, mit der Zeit, begann ich nachzudenken. Ich erkannte die Not der Sklaven. Ich *sah*, wie schlecht sie behandelt wurden. Wie man sie quälte und ausbeutete. Ich erfuhr, dass für Gott alle Menschen gleich viel wert sind. Sonst hätte er doch sein Volk nicht aus der Sklaverei in Ägypten befreit!
Ich konnte es nicht mehr ertragen, auf den Sklavenschiffen zu arbeiten.
1755 traf ich John George Whitefield. Er war ein toller Prediger. Es machte Spaß, ihn Gottes Wort sagen zu hören und spielen zu sehen! Wie Jesus zog er umher und predigte an allen Orten, nicht nur in Kirchen. Damals habe ich verstanden, dass der Glaube an Gott auch mein Leben verändert.
11 Jahre später wurde ich selbst Geistlicher. Ich schrieb über mein Leben, so wie ich euch heute von mir erzähle. Ich schrieb über das Leben der Sklavinnen und Sklaven und darüber, welches Unrecht ich selbst ihnen getan hatte. Ich erzählte davon, wie die Sklaven auf den Schiffen und Farmen leben mussten. Viele Menschen hörten mir zu. Ich spürte Gottes Auftrag: Ich musste für die Sklavinnen und Sklaven kämpfen! Ich musste dafür arbeiten, dass die Sklaverei abgeschafft wurde! Und das tat ich mit aller Kraft, die Gott mir gab.

Ich versuchte, es besser zu machen. Ich glaube, ein bisschen ist es mir gelungen. Auf meinem Grabstein könnt ihr lesen: »Hier ruht John Newton, früher einmal ein Ungläubiger und Wüstling, ein Diener der Sklaven in Afrika, wurde durch die reiche Gnade unseres Herrn und Retters Jesus Christus erhalten, wiederhergestellt und begnadigt.«
Als ich 1807 starb, war der Sklavenhandel auf englischen Schiffen endlich verboten.

Lasst uns das ganze Lied singen!

Kreative Ideen

Für alle Sonntage gestalten die Kinder einen Leporello als Liederbuch zum Aufstellen, den sie am Ende mit nach Hause nehmen können.
Die Texte werden ihnen auf fester Pappe für jeden Sonntag als Liedblatt zur Verfügung gestellt. (Dabei sollen die englischen Texte, auf der Rückseite des Blattes, übersetzt werden.)
Zu jedem Liedtext wird von den Kindern ein Bild mit Bunt- oder Filzstiften gestaltet. Dieses wird nach dem Malen mit Speiseöl eingerieben; die Farben beginnen zu leuchten.
Texte und Bilder werden zusammengeklebt und schließlich aufgestellt.

Für den 8. Sonntag nach Trinitatis
Das Gedicht »Von guten Mächten« wurde von Dietrich Bonhoeffer im Dezember 1944 im Gefängnis geschrieben. Er war inhaftiert worden, weil er im weiteren Sinne zum Widerstandskreis um Stauffenberg gehörte. Das Gedicht legte er einem Brief an seine Verlobte bei. Beeindruckend ist, wie er beschreibt, dass er in der Einsamkeit der Gefängniszelle »Organe ausbildet«, mit denen er die Gebet und guten Gedanken seiner Eltern, seiner Freunde, seiner Verlobten spüre. Er fühle sich nicht verlassen, sondern wie von Engeln umgeben.
Dieser Gedanke spiegelt sich in dem Engelstanz zu dem Lied wider.

Engelstanz
Das Lied in der Melodiefassung von Siegfried Fietz ist in einem 6/8 Takt geschrieben.

Die Kinder stellen sich im Kreis auf. Der Tanz geht gegen den Uhrzeigersinn, der Gnadensonne Christus entgegen und beginnt daher mit rechts. Jedes Kind hält in der rechten Hand eine Kerze. (*Achtung: Die Kerzen sollten in Sternleuchtern oder etwas Ähnlichem (www.afgshop.de/catalogsearch/result/?q=Sternleuchter) gesichert sein.*)
Während der Strophen stehen die Kinder mit dem Gesicht zur Mitte. Zum Refrain machen sie eine Vierteldrehung nach rechts, so dass sie hintereinander stehen. Die rechte Hand mit der Kerze zeigt nach außen. Sie gehen während des Refrains im Pilgerschritt. Der rechte Fuß beginnt.
Der Pilgerschritt geht: rechts –links – rechts – Wiegeschritt – links – rechts – links – Wiegeschritt usw.

Idee und Foto: © Eva Forssman

Wenn die nächste Strophe beginnt, bleiben die Kinder stehen und drehen sich um 90° nach links, damit sie wieder mit dem Gesicht zur Mitte stehen.
In der Mitte könnten auf einem Seidentuch eine Engelskerze oder mehrere Engelskerzen stehen.
(*Engelskerzen gibt es z.B. unter www.entia.de/Engelkerze-weiss-mit-Halter.html oder in manchen Klosterläden, sowie bei amazon*)

Für den 9. Sonntag nach Trinitatis
Die Spirituals »Swing Low« und »Deep River« sind im letzten Drittel des 19. Jahrhunderts entstanden. Sie drücken die Hoffnung der afroamerikanischen Sklaven auf ein besseres Leben nach dem Tod aus.
Es wird in den Südstaaten in afroamerikanischen Kreisen erzählt, dass sie auch einem Geheimcode des sogenannten »Underground Railroad« gedient hätten. Das war eine Bewegung, die Sklaven half, aus den Südstaaten in die Nordstaaten der USA oder nach Kanada zu entkommen. Der Wagen (*Chariot*) bedeutete dann, dass es eine Mitfahrgelegenheit über Land gab, das Lied »Deep River« verhieß eine Möglichkeit, auf einem Schiff zu entfliehen. Diese Lieder seien je nachdem bei der Arbeit auf den Plantagen angestimmt worden, weil das Singen, nicht aber das Reden bei der Arbeit erlaubt war. Der Vorsänger konnte dann in Gulla, einem afroamerikanischen Dialekt, Informationen weitergeben. Manche Forscher halten diese Geschichte allerdings für eine Legende.

Sowohl der Wagen, wie das Boot haben eine wiegende Bewegung. Die kann mit den Kindern so erfahren werden:

Eines der Lieder wird in der Dauerschleife gesungen.
Zwei Mitarbeitende halten eine Decke so fest, dass eine Art Hängematte entsteht. Ein Kind legt sich hinein und wird vorsichtig geschaukelt.
Größere, verantwortungsbewusste Kinder können das auch für die Kleineren übernehmen.
Am Ende sollten alle Kinder, die das möchten, einmal gewiegt werden.

Idee: Eva Forssman

Stichworte:
Dietrich Bonhoeffer, Paul Gerhardt, Lied, John Newton, Spiritual

Christine Grans

Herr, lehre uns beten

25.08.2019
(10. Sonntag nach Trinitatis)
So könnt ihr beten
(Lukas 11,1-4)

01.09.2019
(11. Sonntag nach Trinitatis)
Bittet Gott, den guten Freund
(Lukas 11,5-10)

08.09.2019
(12. Sonntag nach Trinitatis)
Bitten und Danken
(Psalm 57)

Didaktische Klammer – Hinführung

Herr, lehre uns beten, bitten die Jünger Jesus. Und sie bekommen im Vaterunser ein Beispiel dafür, wie sie zu Gott beten können. Die kleinen und großen Menschen von heute brauchen auch immer wieder die Erinnerung und Ermutigung, dass sie Gott im Gebet alles anvertrauen können, was ihnen auf dem Herzen liegt.
Die folgenden liturgischen und kreativen Bausteine bieten Impulse zum eigenen Beten, Anregungen, wie sich Gebete mit Symbolen gestalten lassen, im Kinder – und Familiengottesdienst und ganz individuell.
Beten als hilfreiches, stärkendes und tröstendes Ritual will den Mädchen und Jungen nahekommen. Das ist nötig in einer Zeit, in der das Gebet längst nicht mehr in allen Familien ein fester Bestandteil des Alltagslebens ist. Einen besonderen Stellenwert hat dabei das Vaterunser als ein geprägtes Gebet mit langer Tradition, das die Generationen und Christen in aller Welt verbindet. Das Gebet kann den Kindern mithilfe eines Gebetswürfels, einer Gebetskette und eines gesprochenen Gebets mit Bewegungen nahegebracht werden.
Die empfohlenen Bücher und Bilder des Erzähltheaters wollen die Kinder anregen, ihre eigenen Bilder und Ideen zum Vaterunser-Gebet und zum Psalmgebet kreativ leise und hörbar zu gestalten. Ein Dialog mit Handpuppe oder zwischen zwei Menschen will eine Hinführung zum Beten und das Gespräch mit den Kindern eröffnen.

Die nachfolgenden Bausteine sind für wöchentliche und auch für monatlich stattfindende Kindergottesdienste geeignet.

Zusammenkommen – sich Gott zuwenden

Gestaltete Mitte mit Tuch, Kigokerze und Kreuz, eine große Schale (am besten aus Ton) gefüllt mit Sand, Teelichtern, Steinen, Federn

Votum

Wir zünden die Kindergottesdienstkerze an mit den Worten:

Wir sind zusammen im Namen Gottes,
der die Welt und auch dich und mich geschaffen hat,
im Namen Jesu Christi, der Gottes Liebe in die Welt getragen hat,
und im Namen des heiligen Geistes, der uns verbindet.
Amen

Gebet

Wir beten mit Gebetsschale (gefüllt mit Sand, Teelichtern, Steinen, Federn) das Eingangsgebet.

Guter Gott, wie schön,
dass wir heute Morgen hier zusammen sind,
um Gottesdienst zu feiern,
vieles haben wir erlebt in den letzten Tagen,
davon wollen wir Dir erzählen, laut und leise:
Wir haben uns gefreut, waren fröhlich in der Kita, in der Schule, in der Familie,
mit den Freundinnen und Freunden.
Dafür möchten wir Dir danken.
Wir danken Dir für …

Kinder nehmen einen Feder aus der Schale und sagen laut oder still, wofür sie danken… und legen ihre Feder dann wieder in die Schale

Guter Gott, es gab auch manches,
worüber wir uns geärgert haben,
was uns traurig gemacht hat,
auch das möchten wir Dir sagen:

Kinder nehmen einen Stein aus der Schale und sagen laut oder still, worüber sie klagen – und legen ihren Stein dann wieder in die Schale.

Barmherziger Gott, wir danken Dir, dass Du bei uns bist,
wenn wir uns freuen und auch wenn wir traurig sind.
Sei nun auch bei uns, wenn wir Gottesdienst feiern.
Amen

Vaterunser mit Bewegungen

Vater unser im Himmel	*Arme in Schulterhöhe mit geöffneten Händen nach oben halten*
Geheiligt werde dein Name	*Handflächen aufeinanderlegen, Hände langsam nach oben führen*
Dein Reich komme	*Hände bittend nach vorne strecken*
Dein Wille geschehe	*Hände vor der Brust kreuzen*
Wie im Himmel	*Rechte Hand nach oben zeigen und halten*
So auf Erden	*Linke Hand zeigt nach unten zum Boden*
Unser tägliches Brot gib uns heute	*Hände zur Schale zusammenlegen*
Und vergib uns unsere Schuld	*Hände vor der Brust kreuzen und den Kopf neigen*
Wie auch wir vergeben unseren Schuldigern	*Den NachbarInnen die Hände reichen*
Und führe uns nicht in Versuchung	*Hände abwehrend vor dem Körper halten*
sondern erlöse uns von dem Bösen	*Hände machen eine beiseite schiebende Bewegung*
Denn dein ist das Reich	*Hände beschreiben einen Erdkreis vor dem Körper*
und die Kraft	*Oberarmmuskeln anspannen*
und die Herrlichkeit,	*Arme mit geöffneten Händen nach oben strecken*
in Ewigkeit.	*Verbeugung nach vorne*
Amen.	*Den NachbarInnen die Hände reichen*

Christine Wolf

Alternativ lassen sich mit den Kindern noch weitere Bewegungen suchen und erfinden

Lieder:
Vater unser, Vater im Himmel (KG 209), Vater unser im Himmel (KG 210), Halte zu mir, guter Gott (KG 8), Herr, erbarme Dich (KG 197), Vom Aufgang der Sonne (KG 169), Gib uns Ohren, die hören (KG 195)

Hören – Antworten

11. Sonntag nach Trinitatis (Lukas 11,5-10)

Vom Beten
Anspiel / Dialog mit zwei Personen, eine davon hält die Handpuppe Lucy

A: Guten Morgen alle zusammen, schön, dass ihr heute zu unserem Kindergottesdienst gekommen seid

Lucy: Hallo, ich bin auch da!

A: Hallo Lucy, ich freue mich, dass du heute auch bei uns bist!

Lucy: Ja, ich komme gerne hierher – und außerdem wollte ich dich mal was fragen …

A: Ja – nur zu, frag ruhig!

Lucy: Sag mal – ganz ehrlich – hast du manchmal auch Angst?

A: Na klar hab ich manchmal auch Angst!

Lucy: So richtig große Angst!!

A: Ja – manchmal habe ich auch richtig große Angst.

Lucy: Und was machst du dann dagegen?

A: Ich bete!

Lucy: Wie – du betest?

A: Ja, ich rede mit Gott und erzähle ihm von meiner Angst.

Lucy: Und dann geht die Angst plötzlich weg?

A: Nein, weg ist sie nicht, aber sie wird kleiner, weil ich darüber sprechen kann, und weil ich weiß, ich bin nicht alleine …

Lucy: Also wenn ich Angst habe, dann gehe ich zu meiner Mama oder zu meinem Papa, oder zu meinem großen Bruder und erzähle denen davon. Und die nehmen mich dann in den Arm und ich merke, dass sie mich lieb haben und immer für mich da sind. Wenn ich das spüre, dann wird meine Angst kleiner und kleiner und weg ist sie …

A: Hey, das ist ja genau wie bei mir – ich bete, ich rede mit Gott und das tröstet mich.

Lucy: Dann ist das mit Gott ja wie mit einem lieben Menschen: Gott hört mir zu und tröstet mich.

A: Ja. Lucy – das hast du schön gesagt. Mit Gott kannst du immer reden, ganz gleich wo du bist, was auch los ist, er ist immer für dich da.

Lucy: Das gefällt mir …

Bilderbücher zum Vaterunser
Die beiden Bilderbücher für ältere und jüngere Kind entfalten die einzelnen Bitten des Vaterunser-Gebetes in Worten und Bildern.

Rainer Oberthür, Barbara Nascimbeni: Das Vaterunser, Stuttgart / Wien, 2013
In diesem Buch werden von Rainer Oberthür (kath. Theologe aus Aachen) auf der Grundlage des Vater Unsers Gedanken, theologische Einsichten und Fragen von kleinen und großen Menschen aufgenommen und zugleich Erklärungen / Deutungen entfaltet. Die Illustrationen dazu von Barbara Nascimbeni sind wunderschön gestaltet, regen zum Theologisieren an und motivieren zum eigenen kreativen Gestalten der Kinder. Der Text des Buches ist für Kinder ab ca. 8 Jahren geeignet.

Sabine Bus und Xavier Deneux, Vater unser, Pattloch Verlag München, 2005
Ein schönes Bilderbuch zum Vaterunser für die Kleineren ab 3 Jahren

Kamishibai – Erzähltheater – Bildkartensets
Auf der Grundlage des Bilderbuches von Rainer Oberthür(s. oben) gibt es auch ein Bildkartenset für das Erzähltheater Kamishibai: »Das Vaterunser«, Don Bosco Verlag (in vielen Medienstellen vorhanden). Ein weiteres Bildkartenset findet sich ebenfalls unter dem Titel: »Das Vaterunser« (erschienen 2017). Dieses ist für Kinder ab 5 Jahren geeignet ist.

Die Bildkarten können auch ohne das dazugehörige Erzähltheater als Gesprächseinstieg zum Thema: »Beten-Vaterunser« gut verwendet werden.

12. Sonntag nach Trinitatis – Bitten und Danken (Psalm 57)

Der Text des 57. Psalms in der Übersetzung der Basisbibel

Hab Erbarmen mit mir, Gott, hab Erbarmen!
Denn bei Dir habe ich Zuflucht gesucht.
Im Schatten deiner Flügel fühle ich mich sicher,
während das Unheil vorüberzieht.
Ich rufe zu Gott, dem Höchsten,
zu Gott, der zu meinen Gunsten handelt.
Vom Himmel her wird er mir seine Hilfe schicken,
auch wenn mein Verfolger mich schmäht.
Ja, Gott wird mir seine Hilfe schicken.
So entspricht es seiner Güte und Treue.
Mein Lagerplatz ist mitten unter Löwen,

die bereit sind, Menschen zu verschlingen.
Ihre Zähne gleichen Spießen und Pfeilen.
Ihre Zungen sind so scharf wie ein Schwert.
Erhebe dich, Gott über den Himmel,
über die ganze Erde in deiner Herrlichkeit.
Sie haben für meine Füße ein Netz ausgelegt.
Sie wollten, dass ich den Mut verliere.
Sie haben vor mir eine Grube gegraben,
doch sie sind selbst hineingefallen.
Mein Vertrauen steht fest, Gott,
felsenfest steht mein Vertrauen.
Darum will ich singen und musizieren:
Erwache, du herrlicher Glanz!
Erwache, du Klang von Harfe und Leier!
Ich will das Morgenrot wecken.
Dir danke ich unter den Völkern, mein Herr.
Für dich musiziere ich vor den Nationen.
Denn deine Güte reicht bis an den Himmel
Und deine Treue bis zu den Wolken.
Erhebe dich, Gott über den Himmel,
über die ganze Erde in deiner Herrlichkeit.

Den Psalm hören und zum Klingen bringen

Psalmgebet laut sprechen

In diesem (wie auch in vielen anderen Psalmen) berichten die Verse in einer lyrischen und bildreichen Sprache von Angst und Bedrohung und zugleich von Hoffnung und Gottvertrauen.
Um dies hörbar zum Ausdruck zu bringen, werden die einzelnen Zeilen/Verse des Psalms von Mitarbeitenden oder älteren Kindern vorgesprochen/gebetet und von der Gruppe laut wiederholt.
So haben alle kleinen und großen Menschen die Möglichkeit, laut mitzubeten, auch wenn sie noch nicht lesen können.

Den Psalm zum Klingen bringen

In den Psalmversen wird auch zum Musizieren eingeladen.
Das können wir umsetzten. Dazu suchen sich die Kinder aus einem Fundus verschiedene Klanginstrumente aus (Orffsche-Instrumente, Glockenspiel, Regenmacher, Klanghölzer, Rassel, Schellenkranz, Triangel) aus und setzen »ihr« Instrument an den Stellen ein, wo im Psalm Gott gelobt wird.

Kreative Ideen

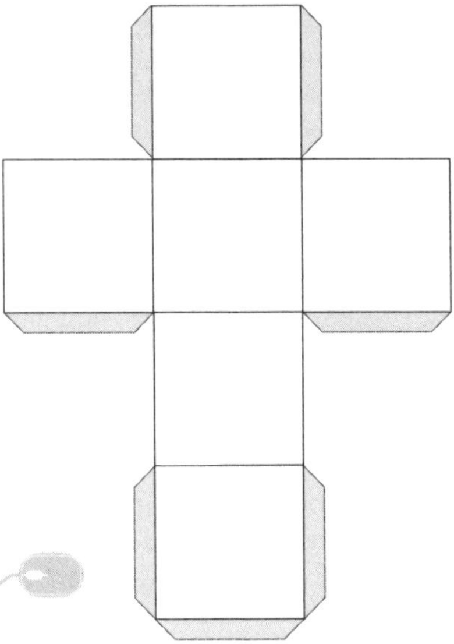

Gebetswürfel herstellen

Aus festem Papier lässt sich ein Gebetswürfel selbst herstellen:
Die einzelnen Würfelseiten können von den Kinder mit den Sätzen des Vaterunser-Gebetes beschriftet/bemalt werden.

Alternativ können die Mädchen und Jungen auch aus einer Auswahl von Morgen- und Abendgebeten ihre »Lieblingsgebete« aussuchen und auf dem Würfel festhalten.

Zeichnung: © Christine Wolf

Gebetsarmband herstellen

In vielen Religionen gibt es die Tradition von Gebetsketten. Den Rosenkranz in der katholischen Kirche – Tasbih oder Sabbha heißt die islamische Gebetskette. Mala ist der Name einer hinduistischen und buddhistischen Gebetskette.
Wir können im Kindergottesdienst auch eine kleine Gebetskette/Armband herstellen: Auf einen Bastfaden oder Stickgarnfaden werden drei Holz- oder Glasperlen in den Farben grün, rot, blau aufgefädelt.

- **Grün** – worüber ich mich freue, wofür ich Gott »danke« sagen möchte
- **Rot** – was mir am Herzen liegt, worum ich mich sorge
- **Blau** – alles, was ich Gott noch anvertrauen/sagen möchte

Mithilfe des eigenen Gebetsarmbandes können die Kinder auch daheim und an anderen Orten beten.

Für den Kindergottesdienst können wir aus großen Perlen oder angemalten Styroporkugeln ein großes Band anfertigen und dies beim Eingangs- oder Fürbittgebet einsetzen.

Herstellen eines »Vaterunser- oder Psalm-Kunstwerkes« aus Einzelteilen

Material: kleine quadratische Leinwände, 30 oder 40 cm (Baumarkt oder Bastelladen), Acrylfarbe oder Wasserfarbe, Pinsel

Nachdem sich die Kinder mithilfe der oben genannten Bilderbücher oder Erzähltheaterbilder mit dem Vaterunser-Gebet beschäftigt haben, können sie nun ihre eigenen Bilder zum Vaterunser gestalten.
Die Kinder suchen sich eine Bitte aus dem Vaterunser-Gebet aus (die ihnen besonders wichtig oder nahe ist) und gestalten ihre Ideen dazu mit Farbe und Pinsel auf ihrer kleinen Leinwand. Danach werden die einzelnen Leinwände zu einem großen Gebetskunstwerk zusammengesetzt und können den Kindergottesdienstraum, die Kirche, das Foyer schmücken.

Collage zu Psalm 57
Material: schwarzes Tonpapier, Aquarell oder Wachsmalkreide, Zeitschriften, Scheren, Klebestifte

Zu Psalm 57 lassen sich Bilder auf schwarzem Tonpapier mit Aquarellkreiden oder Wachsmalkreiden gestalten. Auch hier können die Kinder ihren eigenen Ausschnitt auf ein Blatt in Postkartengröße malen und dann wird aus den Postkarten ebenfalls ein Gesamtkunstwerk.
Alternativ kann auch eine Collage aus Zeitschriftenbildern gestaltet werden.

Stichworte:
Angst, Beten, Gebetskette, Psalm, Vaterunser, Vertrauen

Christine Wolf

Achtung: Gottes Engel!

15.09.2019
(13. Sonntag nach Trinitatis)
Gottes Engel stärken, wenn wir mutlos sind: Elia in der Wüste
(1 Könige 19,4-8)

22.09.2019
(14. Sonntag nach Trinitatis)
Gottes Engel helfen, wenn wir nicht mehr weiterwissen: Petrus wird aus dem Gefängnis befreit
(Apostelgeschichte 12,3-19)

29.09.2019
(15. Sonntag nach Trinitatis)
Gottes Engel sind stärker als das Böse: Michael kämpft mit dem Drachen
(Offbarung12,7-19)

Didaktische Klammer

Drei Engelsgeschichten aus der Bibel – Engel, Boten Gottes, was ist das überhaupt? Kinder kennen Engel oft in Form von Schutzengeln, die einem helfen und vor Gefahr bewahren. Unsichtbar und doch da. Bei Vorstellungen von Engeln sind ihre Bilder im Kopf sehr unterschiedlich: Manche stellen sich Engel wie Kinder (Mädchen) mit blonden langen Haaren vor. So sehen wir sie in zahlreichen Abbildungen und kennen sie auch von den weihnachtlichen Krippenspielen und Weihnachtsbasteleien. Für manche sind Engel mutige, kraftvolle (junge) Männer. Gemeinsam sind die Flügel, die für Kinder zu einem Engel gehören. Das zeigt auch das Wesen der Engel auf. Sie haben eine weitgehend menschliche Gestalt und unterscheiden sich doch: Sie können etwas, was die Menschen nicht ohne Hilfsmittel schaffen, nämlich fliegen. Sie wirken nicht nur auf der Erde, sondern auch im Himmel. So gelingt es ihnen in den drei Engelsgeschichten auch, im rechten Moment zur Stelle zu sein und in das Geschehen einzugreifen:

Elia hat eifrig für Gott gekämpft, er hat viele Gefahren und Beschwernisse auf sich genommen, um zu beweisen, dass Gott stärker ist als Baal. Er hat dafür gesorgt, dass seine Gegner getötet werden. Doch er empfindet keinen Triumph – auf die Drohung der Königin Isebel (einer Frau!), ihn zu töten, rennt er in Panik kopflos in die Wüste. Er rennt so lange, bis er völlig erschöpft zusammenbricht. Er ist verzweifelt, mutlos und fühlt sich ganz allein. Letztlich will er nur noch sterben. So schläft er ein. Der Engel sucht ihn auf, weckt ihn auf, nachdem er gebührend lang geschlafen hat, gibt ihm Stärkung durch Brot und Wasser und verhilft ihm im Gespräch zu einer neuen Perspektive: Steh auf, du hast noch einen langen Weg vor dir. Dieser ist dann nicht die weitere Flucht vor Isebel. Vielmehr geht er zurück, sucht sich weitere Verbündete und tritt dann mutig für Gott ein. Der Engel wirkt hier also wie ein guter Therapeut.

In einer echt aussichtslosen Situation ist Petrus im Gefängnis. Einige mutige Männer, z.B. Stephanus und Johannes der Täufer, aus der frühen christlichen Gemeinde sind schon getötet worden. Als nächstes Opfer hat König Herodes, der Enkel des gleichnamigen Königs aus der Weihnachtsgeschichte, Petrus ausgesucht. Petrus ist im Gefängnis, an vier Wachen angekettet, so dass eine Flucht nach menschlichem Ermessen unmöglich erscheint. In dieser Situation nimmt der Engel das Heft in die Hand und sorgt für einen gelungenen Gefängnisausbruch, indem er Petrus haarklein sagt, was er zu tun hat.

Die dritte Geschichte vollzieht einen Perspektivenwechsel: Die christliche Gemeinde ist weiterhin von schweren Verfolgungen bedroht. Wie kann das sein, wenn doch Christus das Böse überwunden hat? Darauf versucht die Geschichte vom Erzengel Michael eine Antwort zu geben. Wir richten unsere Blicke auf eine ganz andere Welt, nämlich den Himmel. Mit seinem flammenden Schwert besiegt Michael den Drachen, der aber fortan auf der Erde, also in der damaligen Vorstellung eine Ebene tiefer, noch weiterhin sein böses Unwesen treibt, bis er eines Tages ganz besiegt ist. Manche ältere Kinder (aber nicht alle) mögen sich hier an den Kampf von Gut gegen Böse in Star Wars erinnert fühlen. Auch das flammende Schwert mag dies noch unterstützen.

Liturgische Gestaltung

Hören – Antworten

Psalmgebet

Für viele Kinder hat in diesen Wochen – je nach Bundesland – die Schule neu begonnen. Wenn nicht, kann der erste Teil einfach gestrichen werden. Das Psalmgebet kann die Kinder über die ganze Einheit begleiten. Den Kehrvers (Palm 91,11) lernen alle auswendig und sprechen ihn gemeinsam:

Der Herr hat seinen Engeln befohlen über dir,
dass sie dich behüten auf allen deinen Wegen.

Ein neues Schuljahr (Kindergartenjahr) liegt noch vor mir. Ich freue mich über die anderen Kinder. Ich freue mich, dass ich viel Neues kennenlerne. Ich bin schon gespannt darauf.

Der Herr hat seinen Engeln befohlen über dir,
dass sie dich behüten auf allen deinen Wegen.

Manchmal habe ich aber auch Fragen, wohin mich der Weg führt. Was kommt da alles auf mich zu? Wer hilft mir dabei?

Der Herr hat seinen Engeln befohlen über dir,
dass sie dich behüten auf allen deinen Wegen.

Manchmal bin ich ganz kraftlos. Ich habe mich doch so angestrengt und jetzt bin ich nur noch fertig, ich fühle mich müde, erschöpft und will nur noch schlafen. Gibt es da jemanden, der mir aus dem Tief heraushilft?

Der Herr hat seinen Engeln befohlen über dir,
dass sie dich behüten auf allen deinen Wegen

Manchmal habe ich das Gefühl, alle sind gegen mich. Ich wollte doch nur alles gut machen. Und jetzt hat sich alles gegen mich verschworen. Wie komme ich da nur heraus?

Der Herr hat seinen Engeln befohlen über dir,
dass sie dich behüten auf allen deinen Wegen.

Manchmal kommt mir alles dunkel und bedrohlich vor. Angst kriecht in mir hoch. Manchmal kommt sie mir vor wie ein wildes Tier. Wer kann mich davor retten?

Der Herr hat seinen Engeln befohlen über dir,
dass sie dich behüten auf allen deinen Wegen.

Amen

Lieder:
Lieber Gott, schick uns deine Engel (KG 115)
Engelsrap (KG 117)
Bewahre uns Gott (KG 213)

Sendung – Segen

Das berühmte Engelsgedicht von Rudolf Otto Wiemer mag den Segen einleiten.

Engel

Es müssen nicht Männer mit Flügeln sein,
die Engel.
Sie gehen leise, sie müssen nicht schrein,
oft sind sie alt und hässlich und klein,
die Engel.

Sie haben kein Schwert, kein weißes Gewand,
die Engel.
Vielleicht ist einer, der gibt dir die Hand,
oder er wohnt neben dir, Wand an Wand,
der Engel.

Dem Hungernden hat er das Brot gebracht,
der Engel.
Dem Kranken hat er das Bett gemacht,
und er hört, wenn du ihn rufst, in der Nacht,
der Engel.

Er steht im Weg und er sagt: Nein,
der Engel,

groß wie ein Pfahl und hart wie Stein –
es müssen nicht Männer mit Flügeln sein,
die Engel.

Rudolf Otto Wiemer
aus: Ders.: Der Augenblick ist noch nicht vorüber, Kreuz Verlag, Stuttgart 2001, © Rudolf Otto Wiemer Erben, Hildesheim

Segen

So schicke Gott seine Engel zu euch,
dass sie euch schützen und bewahren.
Es segne und behüte euch Gott,
der Vater, der Sohn und der Heilige Geist. Amen

Kurzgeschichte

Der Drache – das ist ein Bild für das Böse und das Bedrohliche. Kinder erleben immer wieder Dinge, die ihnen Angst machen. Nicht immer können sie die Probleme alleine lösen. Schön, wenn ihnen jemand dabei hilft.

Ängstlich blickt Pit um die Ecke. Tatsächlich: Da lauern sie schon wieder, die beiden großen Jungs aus der vierten Klasse. Immer wieder passen sie ihn auf dem Schulweg ab. Zuerst hatte er sich so auf die Schule gefreut. Dort ist es ja auch schön. Aber der Schulweg. Da hört er schon die großen Jungen höhnisch rufen: »Na, Kleiner bringt dich die Mami heute nicht in die Schule? Putzt sie dir nicht noch die Nase?« Pit zieht den Kopf ein und geht schnell weiter. Können sie ihn nicht einfach in Ruhe lassen? Er beginnt zu rennen. »Angsthase! Verpetz uns doch, dann wirst du schon sehen!«, rufen ihm die Großen nach. Pit hört noch, wie sie lachen. Da – endlich ist er in der Schule. Noch schnell ins Klassenzimmer – gerettet!
Seit einigen Tagen geht das nun schon so. Was soll er nur machen? Pit fühlt sich ganz klein und hilflos. Wie gerne hätte er ein paar Freunde bei sich, die mit ihm zusammen in die Schule laufen würden. Doch er muss leider alleine gehen. Noch haben ihm die Großen nichts getan – aber wird das so bleiben? Was, wenn sie ihm eines Tages ein Bein stellen, ihm das Pausenbrot wegnehmen, ihn verprügeln? Da hilft ihm niemand!
Den ganzen Nachmittag überlegt er, was er tun soll. Zur Lehrerin gehen, alles den Eltern sagen? Nein, das würde doch nichts helfen. Dann würden sie sich im nächsten Moment rächen, auf dem Pausenhof, in den Toiletten, am Schulweg.

Als er am Abend im Bett liegt, kann er lange nicht einschlafen. Er wälzt sich hin und her. Doch irgendwann fallen ihm die Augen zu. Er fängt an zu träumen:
Eine große Höhle ist da. Davor liegt ein riesiger Drache mit finster blickenden Augen, mit einem weit aufgerissenen Maul, aus dem Rauchwolken kommen. Da fängt er mit seiner tiefen Stimme zu reden an: »Angsthase, wo ist denn deine Mami?« Mit seinen großen Füßen schiebt er sich noch ein Stück nach vorne. Gleich würde er seinen Vorderfuß ausstrecken und nach Pit greifen! Dazu schnaubt er heftig, dass die Feuerwolken nur so qualmen! Nur noch wenige Zentimeter, dann ist er da!
Doch da blitzt plötzlich etwas auf. Ein Flammenschwert! Geführt wurde es von einem Ritter. Drohend hält er es in die Luft und fährt mit lauter Stimme den Drachen an: »Wirst du wohl meinen Pit in Ruhe lassen? Der steht unter meinem persönlichen Schutz, merk dir das! Ihm soll kein Leid geschehen!« Sofort lässt der Drache seinen Kopf hängen und kriecht wieder in die Höhle zurück. »Ist ja schon gut, ich lasse ihn schon zu Frieden. Du kennst mich doch, es macht mir einfach Spaß, wenn die Kleinen vor mir zittern. Ich würde ihnen doch nie wirklich etwas antun.« Da entgegnet der Ritter: »Das will ich dir auch geraten haben. Und du, Pit, brauchst keine Angst zu haben. Ich passe schon auf dich auf.«
Am nächsten Morgen wacht Pit auf und denkt als Erstes an den Ritter mit seinem Flammenschwert. Wenn er doch nur mitgehen würde. Seine Worte klingen noch in Pits Ohr nach »Du brauchst keine Angst zu haben, ich passe schon auf dich auf.« Immer wieder sagt er sie vor sich hin, auch als er auf dem Schulweg ist. Plötzlich stehen die beiden Jungs vor ihm. »Na Kleiner, so allein hier«, fängt der eine an. Er fängt an, ihn in den Arm zu knuffen. Pit wird es ganz flau in der Magengegend. Was wird als Nächstes kommen?
Da hört er plötzlich eine laute Stimme hinter sich. »He, was macht ihr denn da? Wie feige ist das denn, auf Kleine loszugehen! Noch dazu zwei gegen einen. Lasst euch dabei bloß nicht mehr erwischen, sonst gibt es mächtig Ärger!« Es war Michi aus der 6. Klasse. Freundlich sagt er zu Pit: »Ich kenn die. Die wollten dich nur erschrecken. Aber das lassen die in Zukunft schön bleiben. Und wenn nicht, dann komm zu mir.« Erleichtert nickt Pit. Da sieht er, wie die großen Jungs mit hängendem Kopf in ihr Klassenzimmer schleichen.

Karin Lechner

Kreative Ideen

Placemat

Kinder haben bereits viele unterschiedliche Vorstellungen und Bilder von Engeln im Kopf. Sie kennen bereits etliche Geschichten, in denen Engel eine Rolle spielen. Immer werden diese für die Kinder im Hinterkopf präsent sein, wenn sie neue Geschichten hören. Das Placemat (Platzdeckchen) bietet eine gute Möglichkeit, diese Vorerfahrungen und Kenntnisse bewusst werden zu lassen. Im Rahmen der Engelreihe kommen noch neue Facetten dazu. So kann das Platzdeckchen an den folgenden Sonntagen auch immer wieder ergänzt werden.

Ablauf: Die Kinder setzen sich in Vierer- oder Dreiergruppen zusammen. Jede Gruppe erhält einen großen Bogen aus Papier und teilt den Bogen so auf, dass jedes Kind dann ein eigenes Feld vor sich hat. Im Gruppenfeld in der Mitte steht das Wort »ENGEL«.

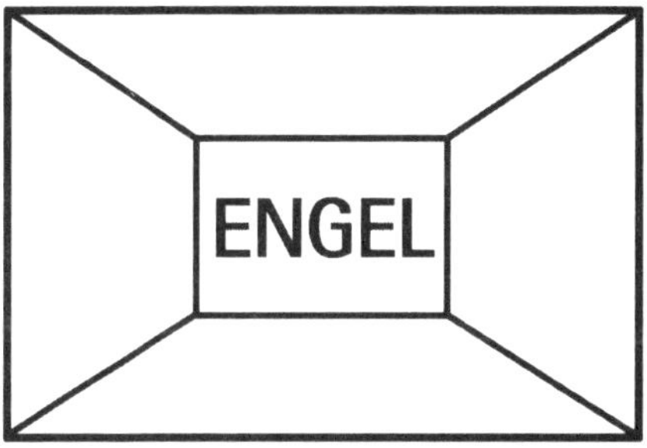

Zeichnung: © Karin Lechner

1. Phase, Aneignung/Denken: Die Kinder notieren oder malen ihre Gedanken, Geschichten, Bilder oder Fragen in ihr eigenes Feld, vor dem sie sitzen.

2. Phase: Das Blatt wird um ein Viertel gedreht. Jedes Kind erhält ein neues Feld, in dem schon ein anderes gemalt oder geschrieben hat. Durch die Gedanken des anderen kann man sich inspirieren lassen und vielleicht fällt einem noch etwas Neues ein. Das darf man dazuschreiben oder malen. Noch zweimal kann man das Blatt drehen, bis man sich über Gemeinsamkeiten und Unterschiede austauschen kann.

3. Phase, Verarbeitung/Vorstellen: Die Kinder stellen ihre Gruppenergebnisse im Kreis vor.

13. Sonntag nach Trinitatis

Der Engel stärkt mit Brot und Wasser

Elia ist auf seiner Flucht einfach nur müde, erschöpft und kraftlos. Er möchte nur noch sterben. Wenn der Platz ausreicht, kann man die Kinder das nachempfinden lassen. Nach ein paar Runden schnellen Laufens können sie sich auf den Boden legen und schlafen, bis sie von einem anderen wieder aufgeweckt werden. Als Stärkung gibt es Brot, das gründlich gekaut werden soll, bis es süß schmeckt. So kann man die Kraft des Brotes spüren. Genauso bewusst kann man das Wasser trinken.

Segenslied: Bewahre uns Gott (KG 213, 1. Strophe)

14. Sonntag nach Trinitatis

Ein Irrgarten, aus dem wir nicht mehr herausfinden, denn wie wir es auch versuchen, der Weg endet immer in einer Sackgasse oder bei einer Wache, die uns nicht vorbeilässt.

Als Einstieg kann man das den Kindern als Kopie geben, auf Folie ausprobieren lassen oder großkopiert als Plakat.

Zeichnung: © Karin Lechner

Aus diesem ausweglosen Weg befreit der Engel, der alle Hindernisse überwindet. Er bahnt einen Weg durch den Irrgarten, den wir Menschen nicht finden können. Man kann dies verdeutlichen, indem man einen Papierstreifen über das Bild legt, der die Mauern überdeckt. So kann Petrus unbehelligt fliehen.

Zeichnung: © Karin Lechner

Segenslied: Bewahre uns Gott (KG 213, 2. Strophe)

15. Sonntag nach Trinitatis

Heute ist Michaelis, der Tag des Erzengel Michaels. Bilder aus der Kunst zeigen den kraftvollen, starken Kämpfer, der es mit dem Drachen aufnehmen kann. Ein solches Bild zu gestalten kann die vielleicht etwas verkitschten Engelsdarstellungen, die die Kinder aus Schutzengelabbildungen und Weihnachtsdekorationen kennen (sie sind ja nicht falsch), ergänzen und erweitern.

Segenslied: Bewahre uns Gott (KG 213, 3. Strophe)

Stichworte:
Angst, Engel, Schutz, Stärke, Vertrauen

Karin Lechner

Von Anfang an und immer noch
Die Urgeschichte

06.10.2019
(16. Sonntag nach Trinitatis, Erntedankfest)
Am Anfang schuf Gott den Menschen
(1 Mose 2,4b-2,24)

13.10.2019
(17. Sonntag nach Trinitatis)
Am Anfang schuf Gott Himmel und Erde ...
(1 Mose 1,1-2,4a)

20.10.2019
(18. Sonntag nach Trinitatis)
Solang die Erde steht ...
(1 Mose 6,5-9,17 i.A.)

27.10.2019
(19. Sonntag nach Trinitatis)
... einen Turm bauen, dessen Spitze bis an den Himmel reicht.
(1 Mose 11,1-9)

Didaktische Klammer

Zum Erntedankfest gehört der Blick auf die Schöpfung. Wir machen uns selbst und den Kindern bewusst, dass wir aus Gottes Liebe und aus seiner Welt leben. Ohne die Beziehung zu Gott wären wir nicht lebensfähig. Gott hat die Beziehung zur Welt und zu uns geknüpft, indem er die Welt und das Leben wollte. Das wird uns deutlich, wenn wir die Schöpfungsgeschichten lesen und erzählen. Wir sehen, was es bedeuten kann: »Und es war gut« oder sogar »Und es war sehr gut.«

Die Kinder und wir erkennen darum aber auch das andere: Das, was nicht gut ist. In der Welt und im Leben der Menschen untereinander. Der grundsätzliche Friede, der, ohne dass er genannt wird, besonders in der zweiten Schöpfungserzählung die Grundlage der Schöpfung ist, wird durch das menschliche Verhalten in der ersten Schöpfungserzählung zerbrochen.

Was heißt das für die Menschen, für ihr Zusammenleben, für ihre Beziehung zu Gott?

Wenn im Lebensalltag das Gute und Grundlegende in Vergessenheit gerät– für Erwachsene und für Kinder, – dann geschieht, was die erste Schöpfungsgeschichte erzählt: Menschen in ihrer Neugier und Entdeckungsfreude erforschen ihre Welt – nicht immer mit gutem oder sehr gutem Erfolg.

Die Konsequenzen werden beispielhaft erzählt: Gott setzt Grenzen. Er unterscheidet und zieht Konsequenzen (1 Mose 1,4). Er verschließt Adam und Eva das Paradies. Er beschließt, dass die Sintflut kommt und der Turm zu Babel nicht zu Ende gebaut wird. In unserer Welt und am Erntedankfest machen wir uns darum auch deutlich, welche Folgen menschliches Handeln hat: Umweltverschmutzung und -zerstörung, Vernichtung von Lebensraum für Menschen und Tiere.

Gott sieht, dass er den Menschen Leid zukommen lassen kann. Selbst dann leidet Gott mit den Menschen, auch wenn sie ihr Unglück selbst verschuldet haben. Gott bleibt den Menschen nah, im Glück und im Unglück. Im Richtigen und im Falschen. Das gibt Hoffnung.

Die Schöpfung geht weiter und wir alle haben unseren Anteil daran. Gott gibt seinen Segen – ihn zu vermehren ist unsere Aufgabe. Gott hat die Schöpfung gut gewollt, der Mensch verändert sie auf seine Weise und bringt seine eigenen Interessen ein.

Zusammenkommen – sich Gott zuwenden

Psalmgebet nach 1 Mose 1,1-2,4b

Alle: *Gott sah an alles, was er gemacht hatte,*
und siehe, es war sehr gut.
I: Sehr gut ist deine Welt, Gott.

II: Gott spricht – und es geschieht.
Gott spricht und Leben entsteht.
Und wir sprechen Gottes Sprache.
Alle: *Gott, wir danken dir.*

I: Gott sieht, dass es gut ist.
Gut ist die Welt. Gut bist du. Gut bin ich.
II: Gott sieht die Welt. Gott sieht dich. Gott sieht mich.
Und wir sehen mit Gottes Augen.
Alle: *Gott, wir danken dir.*

I: Gott scheidet.
Das Licht von der Finsternis. Das Land vom Wasser. Das Gute vom Bösen.
II Und wir sehen: Licht und Finsternis. Wasser und Land. Gutes und Böses.
Alle: *Gott, wir danken dir.*

I: Gott nennt und es ist gut.
Gott gibt allem seinen Namen.
II: Und wir nennen den Tag und die Nacht,
das Wasser und das Land,
die Blumen und Bäume,
die Sonne und den Mond
die Vögel und die Seeungeheuer und die Fische,
die Tiere und den Menschen.
Alle: *Gott, wir danken dir.*

I: Gott macht und es wird.
Die Feste und die Tiere.
Gott (er)schafft Himmel und Erde,
Fische und Seeungeheuer.

Gott (er)schafft den Menschen
nach seinem Bild als Mann und Frau.
Als Mädchen und Junge.
II: Und wir leben alle zusammen, weil Gott es will.
Alle: Gott, wir danken dir.

I: Gott segnet den Menschen.
Er gibt uns den Auftrag:
Seid fruchtbar. Vermehrt, was ihr seid und was ihr habt.
Nehmt alles in eure Obhut. Bewahrt es gut.
Seht: Ich gebe euch Menschen und Tieren, von allem zu essen.
Ich gebe euch von allem genug.
II: Und wir haben genug von allem.
Und wir geben Gottes Segen weiter.
Alle: Gott, wir danken dir.

Alle: Gott sah an alles, was er gemacht hatte,
und siehe, es war sehr gut.

Hören – Antworten (Schuldbekenntnis)

Gott sah an alles, was er gemacht hatte,
und siehe, es war sehr gut.

Ja, es war gut, Gott. Und es ist gut.
Doch wir haben unsere eigenen Ideen.
Wir wollen selbst etwas schaffen, lernen, werden.
Das führt uns auf andere Wege als deine, Gott.
Wir wollen besser sein als der Mensch neben uns.
Wir wollen mehr.
Wir vergessen, was du für uns willst: das Gute.
Wir tun oft das Falsche, das Böse.
Hilf uns Gott. Lass uns umkehren zu dir.
Lass uns füreinander da sein.
Rette uns und unser Leben.

Lied: Guter Gott, erbarme dich (KiKiHits 17b)

Kurzgeschichte

Zu 1 Mose 1 und 2

(Diese Geschichte kann auch mit verteilten Rollen gelesen oder gespielt werden.)

Paul und Lena spielen im Garten. Gerade suchen sie auf der Wiese vierblättrige Kleeblätter.

Lena sagt: »Guck mal, Paul, hier ist eins! Schön ist das. Siehst du die feinen Adern im Blatt? Manchmal frage ich mich, was Gott sich gedacht hat, als er die Welt schuf. Ob er wohl ganz genau wusste, was entsteht und wie alles am Ende aussehen soll? So was Kleines wie ein Kleeblatt oder eine Ameise? So was Großes wie ein Berg oder ein Wal? Oder hat Gott es wohl so gemacht wie ich manchmal, wenn ich Lust habe, ein Bild zu malen? Ich probiere was aus, male eine Blume, dann kommt ein Vogel dazu. Ich denke mir, eine Wolke wäre auch noch schön. Am Ende kommt ein Bild dabei heraus, das ganz anders ist, als ich am Anfang gedacht hatte. Oder ich hatte mir gar nichts überlegt ...«

Paul antwortet: »Ich glaube, Gott hatte höchstens einen groben Plan. Sonst würde doch nicht alles verschieden aussehen! Guck mal, das Gänseblümchen. Das sieht ganz anders aus als das da drüben. Und wir Menschen sehen auch alle verschieden aus. Deine Katze hat ein anderes Fell als meine!«

»Stimmt!«, lacht Lena. »Weißt du was? Ich glaube, dass Gott alles werden lässt, wie es will. Oder wie es kann. Ich glaube, in der Bibel fehlt etwas: Gott hat auch die Möglichkeit geschaffen. Und die Veränderung. Die Möglichkeit, dass einer klein ist und der andere groß. Dass ein Tier ein weiches Fell hat und ein anderes ein hartes. Manche haben Schuppen und andere Federn. So, wie es sein kann, und so, wie es sein muss, weil das Tier auf dem Land lebt oder im Wasser. Und dann hat eben ein Gänseblümchen nur weiße Blütenblätter und ein anderes rosa Spitzen an den Blüten. Du bist blond und ich habe braune Haare. Und wir können uns auch noch verändern! Wir wachsen und sehen anders aus als vorher. Wenn ich viel lerne, werde ich immer schlauer. Ich entdecke immer neue Dinge, wenn ich hinschaue. Wenn ich etwas falsch gemacht habe, weiß ich hinterher, wie es besser gehen kann. Zum Beispiel, wenn wir uns gestritten haben. Dann bin ich traurig und du auch. Wir merken, dass wir gern wieder Freunde wären. Also vertragen wir uns.«

»Ja, genau, das ist gut so. Denn sonst würde ja gar nichts wachsen. Nichts würde sich verändern. Alles bliebe, wie es ist. Und wir wären in einem Museum!«

»Wir würden verstauben! Witzig! Zum Glück hat Gott das nicht gewollt!«, sagt Lena. »Denn sonst würden wir uns ja gar nicht bewegen. Das ist einfach das LEBEN, das Gott geschaffen hat. Es wäre langweilig, weil nichts passiert. Bestimmt fände Gott das auch langweilig, wenn nichts passiert. Bestimmt hat er die Welt, die Menschen und Tiere so geschaffen, damit vieles geschieht. Damit die Möglichkeiten und die Veränderungen sich entfalten können. Das ist das Leben. Und Gott findet das gut. In der Bibel steht: Und Gott sah, dass es gut war. Oder so ähnlich.

»Ja, es ist ja auch gut. Ich lebe gerne hier. Meistens. Aber wenn nichts geschieht, dann würde auch nichts Schlimmes passieren. Wir würden uns nie streiten. Niemand würde sterben.«
»Und niemand würde geboren, mein lieber Paul! Dann gäb's uns beide gar nicht. Nur immer noch Adam und Eva. Obwohl ich auch mal gern im Paradies leben würde … Menschen und Tiere würden friedlich zusammenleben. Keiner würde sich streiten, jemanden verletzen oder töten. Es gäbe keinen Krieg. Das wäre schön!«
»Ja, Lena, das wäre schön. Aber es liegt ja an uns, wie wir leben. Jeder für sich und alle zusammen.«
»Du hast Recht, Paul. Lass es uns gut machen!«

Kreative Ideen

Kreative Umsetzung als Geschichte mit Liedern zum Mitmachen zu 1 Mose 1f.; 6-8
Wir erinnern uns: Am Anfang, ganz am Anfang, als Gott die Welt schuf, sprach er:
Es werde Licht. Und es ward Licht. Seitdem beleuchtet Gott unser Leben mit seinem Licht. Wir sehen das an unseren Kerzen auf dem Altar.

(Kerzen anzünden)

Wir sehen, was Gott sah: die Welt, von Gott geschaffen. Sie gefällt ihm gut. Himmel und Erde, Wasser und Land, die Pflanzen, die Tiere, die Menschen. Alles ist bunt und schön. Sie ist grün wie die Hoffnung, die Gott schenken will, gelb wie sein helles und warmes Licht, rot wie seine Liebe und blau wie seine Treue. Es ist auch violett dabei, die Farbe der Umkehr zu Gott.
Es gab viel Bewegung auf der Erde. Alles wimmelte durcheinander, immer wieder veränderte sich etwas. Das gefiel Gott. So hatte er sich das gedacht.

Besondere Mühe hatte Gott sich mit den Menschen gegeben. Sie hatte er nach seinem Bild geschaffen. Jungen (*aufstehen*) und Mädchen (*aufstehen*), Männer (*aufstehen*) und Frauen (*aufstehen*). Das Besondere an den Menschen war und ist: Jeder Mensch trägt ein kleines Stückchen von Gott in sich. Ein bisschen rote Liebe, ein bisschen gelbe Freundlichkeit, ein bisschen grüne Hoffnung, hellblaues Vertrauen, dunkelblaue Treue, den orangefarbenen Willen, friedlich zusammenzuleben, und noch viel mehr. Und die eigene Entscheidung, schillernd und unbeschreiblich. Manchmal schwarz und manchmal ganz hell wie die hellste Freude. Das gefiel Gott. So hatte er sich das gedacht. Denn die Menschen und die ganze Welt sollten von der Vielfalt und dem Wunder in Gott erzählen. Und doch blieb es ein Geheimnis: Alle zusammen konnten doch Gott nie ganz zeigen.

Lied: Gottes Liebe ist so wunderbar (KUS 484)

Gott sah den Menschen bei ihrem Leben zu und er freute sich. Besonders einen mochte er gut leiden: Noah mit seinen Kindern und Enkeln. Er lebte, wie Gott sich das vorgestellt hatte. Alle in der Familie von Noah gingen freundlich miteinander um.
Doch es gab viele andere: Sie hatten nur Böses im Sinn: Sie lachten über Gott. Sie überlegten, wie sie andere Menschen ärgern und ihnen wehtun konnten. Sie nahmen sich gegenseitig alles weg und beschimpften sich. Sie zerstörten das Schöne. Sie machten sich gegenseitig Angst und wollten einander beherrschen.

Das gefiel Gott gar nicht. »Hätte ich nur die Menschen nicht geschaffen!«, stöhnte er und beschloss: »Ich werde alles vernichten. Alles auf der Welt!«

Doch dann dachte er an Noah. Noah, der so war, wie die Menschen sein sollten. Und Gott sagte zu Noah: »Bau einen großen Kasten aus Tannenholz. Das ist die Arche. Mach sie ganz dicht mit Pech, von innen und außen. Sie soll drei Stockwerke haben. Ins Dach machst du ein Fenster und an die Seite eine Tür. Denn ich will eine Sintflut auf der Erde machen, eine unvorstellbare Flut, und alles soll vernichtet werden. Nur du, Noah, und deine Familie, ihr sollt euch in die Arche retten. Und du sollst von jedem Tier ein Männchen und ein Weibchen mit in die Arche nehmen. Und ich will euch alle retten.«

Noah glaubte Gott, und er baute mit seiner Familie die Arche, wie Gott es gesagt hatte. Er schleppte schwere Bretter … Er schlug viele Nägel ein … Er strich alles mit Pech ein, damit kein Wasser eindringen konnte …

Zwischendurch kamen Leute vorbei. (*im Chor:*) »He, Noah, was machst du da?«

Noah: »Ich baue eine Arche. Gott hat gesagt, es wird eine große Flut kommen. Alle werden sterben. Komm doch, und hilf uns bauen, dann kannst du auch gerettet werden!«
Die anderen lachten meistens (*im Chor*): »Noah, du spinnst! … Wir wohnen im Hochland! … Es gibt nur Bäche! … Wo soll die Flut herkommen? … Du und dein Gott! … Mach nur weiter. … Du wirst schon sehen, was du davon hast!«
Noah ließ sich nicht beeindrucken. Er glaubte Gott.
Als die Arche fertig war, ließ er immer zwei Tiere, ein Männchen und ein Weibchen, in die Arche: (*zeigen*) Das Krokodil …, den Elefanten …, die Schlange …, den Marienkäfer …, den Schmetterling …, die Ente …, die Maus …, den Löwen … und alle anderen Tiere. Zuletzt ging Noah mit seiner Familie in die Arche und schloss die Tür.

In dem Moment begann es ganz leise zu regnen. (*Mitmachen*) … Einzelne Tropfen, hier und da. … Dann wurden es mehr und immer mehr. … Sturzbäche flossen die Berge hinunter, … die Meere stiegen immer höher … Das Wasser stieg über die Häuser, … über die Bäume …, über die Berge … Schließlich war die ganze Erde mit Wasser bedeckt. Wasser, wohin man sah – wenn es jemanden gegeben hätte, der zuschauen konnte. Aber es gab niemanden mehr. Und es regnete und regnete … 40 Tage und 40 Nächte …

Dann dachte Gott an Noah in seiner Arche, an seine Familie und die vielen wilden Tiere. Und er ließ einen starken Wind blasen …, um die Wasserfluten auszutrocknen. Das dauerte sehr lange … Wie das wohl gewesen sein mag …

Schließlich hatte Noah genug. Er öffnete das Fenster. Er schickte einen Raben und eine Taube los. Die Taube kam mit einem Ölzweig im Schnabel zurück … Da freute sich Noah. Er wusste: Die Bäume schauten aus dem Wasser. Alle im Schiff jubelten laut …

Lied: Gottes Liebe ist so wunderbar (KUS 484)

Schließlich stieß die Arche auf Land. Da sagte Gott zu Noah: »Ihr könnt aussteigen.« Und alle stiegen aus. Da feierten sie ein Fest und riefen (*im Chor*): »Danke, Gott, du hast uns gerettet! … Wir dürfen weiterleben! … Bleibe immer bei uns … Wir vertrauen dir!«
Als er die Erde sah, wie nass und mitgenommen alles aussah, tat Gott leid, was er getan hatte. Und er gab ein Versprechen: »Nie mehr will ich die Erde wegen der Menschen verfluchen. Denn das, was die Menschen in ihrem Herzen überlegen, ist oft böse. So sind die Menschen!
Und ich will nie mehr alles vernichten, was lebt, so wie ich es getan habe. Solange die Erde steht, soll nicht aufhören Saat und Ernte, Frost und Hitze, Sommer und Winter, Tag und Nacht. Und ihr, Menschen: Ich habe euch die Erde gegeben, damit ihr sie zu einem Ort des Friedens macht. Ein Ort des Lebens für alle. Schützt sie und tretet für sie ein, wo immer ihr könnt. Da. Seht meinen Bogen. Ihn habe ich zum Zeichen in die Wolken gesetzt.«
(*im Chor*) »Danke Gott … «, sagten Menschen und Tiere.

(*Der Regenbogen wird aus bunten Krepppapierrollen in den Farben des Regenbogens über die Gemeinde hinweg von hinten nach vorne gerollt. Die Gemeinde gibt die Rollen nach vorn, so dass am Ende alle vom Regenbogen bedeckt sind.*)

Ein Gebet finden Sie im Internet

Lied: Gottes Liebe ist so wunderbar (KUS 484)

Gottes Zeichen für Versöhnung ist der Regenbogen.
Sein Versprechen an uns. Wie eine Brücke von Gott zu uns.
Gottes Regenbogen, in dem alle Farben des Lichtes Gottes sich zeigen.
Wir wollen das Licht weitergeben. Wir wollen leuchten und damit von Gott, seinem Leben, seinem Licht, seiner Liebe und seiner Treue erzählen.

(Kerzen werden angezündet)

Stichworte:
Bunt, Gottes Treue, Regenbogen, Schöpfung

Christine Grans

»Tod und Leben«

03.11.2019
(20. Sonntag nach Trinitatis)
Gott sammelt meine Tränen
(Psalm 56)

10.11.2019
(Drittletzter Sonntag des Kirchenjahres)
Lazarus: Jesus ruft über die Grenze des Todes
(Johannes 11,1-44)

17.11.2019
(Vorletzter Sonntag des Kirchenjahres)
Das Weizenkorn stirbt und verwandelt sich
(Johannes 12,24)

24.11.2019
(Ewigkeitssonntag)
Hoffnung für alle
(Offenbarung 21,1-7)

Didaktische Klammer

Viele Erwachsene wollen ihre Kinder vor dem Thema Abschied, Tod und Trauer schützen. Das ist verständlich, denn wir wünschen uns, dass die Kindheit unbelastet und freudig verläuft. Und doch kommt der Tod ins Leben. Manchmal unvermittelt, manchmal erwartet, manchmal tröstlich, manchmal schmerzlich oder auch noch ganz anders:

- Kinder erfahren Trennung (von Familienmitgliedern, durch Umzug …).
- Sie erleben das Absterben der Natur im Herbst / Winter.
- Sie finden tote Tiere auf dem Weg.
- Sie erleben den Tod eines Haustieres, den Tod in Nachbarschaft oder befreundeten Familien
- den Tod in der eigenen Familie (i.d.R. Großeltern).
- Sie sehen Tod in Fernsehsendungen (Westernfilme, Krimis, Nachrichten).
- Sie hören biblische Geschichten von Tod und Leben.
- Sie erleben aktiv das Kirchenjahr (Passion und Ostern, Ewigkeitssonntag, Allerheiligen).

Kinder machen solche Erfahrungen – früher oder später, ob wir es wollen oder nicht. Und es ist gut, wenn wir Kinder mit diesen Erfahrungen nicht alleine lassen. Und das kann nur gelingen, wenn wir bereit sind, dem Thema »Tod und Sterben« Raum zu geben, wo es sinnvoll und angebracht ist. Das verdeutlicht auch die kleine Geschichte »Unter der Glashaube« (siehe Kurzgeschichte).

Diese Kindergottesdiensteinheit bietet Kindern die Möglichkeit, sich mit dem Thema Tod und Leben auseinanderzusetzen in einem Raum, in dem Gefühle, Ängste, Sorgen und Fragen ernst und aufgenommen werden. In einem Raum, in dem das Erlebte, Befürchtet und Erhoffte in einen christlichen Deutungshorizont eingeordnet und hilfreiche Rituale kennengelernt und erprobt werden.

Zusammenkommen – sich Gott zuwenden

Votum

Wir sind beieinander im Namen Gottes:
Im Namen Gottes, des Vaters – er umfasst Anfang und Ende,
im Namen seines Sohnes Jesus Christus – er ist gestorben und auferstanden,
und im Namen des Heiligen Geistes – die Kraft, die uns belebt und tröstet.
Amen.

Hören – Antworten

Psalmgebet zu Psalm 56:

Refrain: Gott, sammle meine Tränen in deinem Krug. Bei dir zählt jede einzelne. Du stehst mir bei.

Gott, steh mir bei,
denn vieles macht mir das Leben schwer und bedrängt mich. Ich will darauf vertrauen, dass du bei mir bist und mir Kraft schenkst.
Gott, steh mir bei,
denn vieles macht mir Angst. Ich will darauf vertrauen, dass du bei mir bist und mir den Mut stärkst.
Gott, steh mir bei,
denn vieles macht mich traurig. Ich will darauf vertrauen, dass du bei mir bist und mich tröstest.
Gott, steh mir bei,
denn vieles macht mich wütend. Ich will darauf vertrauen, dass du bei mir bist und mir zu Gerechtigkeit verhilfst.
Gott, steh mir bei,
denn vieles macht mich hilflos. Ich will darauf vertrauen, dass du bei mir bist und mir aufzeigst, was ich tun kann.
Gott, steh mir bei,
denn vieles lässt mich verzweifeln. Ich will darauf vertrauen, dass du bei mir bist und in mir Hoffnung und Zuversicht wachsen lässt.
Amen.

Sendung – Segen

Geht in diesen Tag und in alle weiteren mit dem Segen Gottes:

Gott segne, behüte und begleite dich:

Er schenke dir Kraft, wenn es dir schwer wird.
Er stärke dir den Mut, wenn du Angst hast.
Er tröste dich, wenn du traurig bist.
Er verhelfe dir zu Gerechtigkeit, wenn du wütend bist.
Er zeige dir Wege auf, wenn du hilflos bist.
Er lasse in dir Hoffnung und Zuversicht wachsen,
wenn du verzweifelt bist.
Amen.

Kurzgeschichte

Unter der Glashaube
Es war einmal eine Pflanze. Ihr Gärtner meinte es besonders gut mit ihr. Er schaute die kleine Pflanze an und beschloss, dass sie Schutz vor Wind und rauem Wetter brauche. So stellte er sie unter eine Glashaube.
Die Zeit verging. Die kleine Pflanze wuchs immer größer. Eines Tages war sie so groß, dass sie gegen die Decke ihrer Glashaube stieß. »Jetzt bist du groß genug«, sagte der Gärtner, »jetzt nehme ich die Glashaube weg, damit du weiter wachsen kannst.«
Am nächsten Tag erhob sich ein großer Sturm. Er fegte über das Land und brachte Regen mit sich. Als das Gewitter fortgezogen war, schüttelten alle Pflanzen in den Gärten die Nässe von sich ab und richteten sich wieder der Sonne entgegen. Nur die Pflanze, die bisher unter der Glashaube stand, lag am Boden.
Sie hatte noch nie einen Windhauch verspürt. Sie hatte nicht gewusst, dass es solche Stürme gib. Deshalb wusste sie auch nicht, wie sie sich einrichten sollte, um so einem großen Sturm standzuhalten. Fast hätte sie den Sturm nicht überlebt. Aber es war gerade noch gut gegangen.
Mühsam und unter Schmerzen gelang es ihr, sich in den nächsten Wochen wieder aufzurichten. Langsam gewöhnte sie sich daran, dass ein kleiner Windhauch schön sein kann.

Aus: R.I.P. – Raupe im Paradies, Materialbuch;
erarbeitet von Regina Schulze;
St. Benno-Verlag, Leipzig 2011

Kreative Ideen

Lied: Alles hat seine Zeit
Text Rudi Hauswirth / Melodie: Spiritual »Down by the riverside«

Pflanzen und Ernten, alles hat seine Zeit, alles hat seine Zeit, alles hat seine Zeit.
Pflanzen und Ernten, alles hat seine Zeit, alles hat seine Zeit.

Refrain:
Schau überm Strom das End' der Zeit, überm Strom das End' der Zeit.
Schau Gottes Ewigkeit.
Schau überm Strom das End' der Zeit, überm Strom das End' der Zeit.
Gott hält sie dir bereit.

Lachen und weinen, alles hat seine Zeit, alles hat seine Zeit, alles hat seine Zeit.
Lachen und weinen, alles hat seine Zeit, alles hat seine Zeit.

Refrain: …

Reden und schweigen, alles hat seine Zeit, alles hat seine Zeit, alles hat seine Zeit.
Reden und schweigen, alles hat seine Zeit, alles hat seine Zeit.

Refrain: …

Leben und sterben, alles hat seine Zeit, alles hat seine Zeit, alles hat seine Zeit.
Leben und sterben, alles hat seine Zeit, alles hat seine Zeit.

Refrain: …

Bilderbuch zu »Das Weizenkorn stirbt und verwandelt sich (Johannes 12,24)«:
Das Buch »Pele und das neue Leben« nimmt genau dieses Auferstehungsbild auf. Die Geschichte erzählt, wie Pele den Tod seines Freundes Tomos verstehen will. Peles Mutter hilft ihm weiter. Sie bietet ihm das Bild vom Samenkorn einer Sonnenblume an. Dieses wird in die Erde gelegt. Die Samenhülle wird zu Erde (wie der tote Körper von Tomo). Aus dem eigentlichen Samenkern entsteht neues Leben, nämlich die Sonnenblume. Im Blick auf Tomo verweist die Sonnenblume auf die Auferstehung und ein Leben bei Gott.

Regine Schindler und Hilde Heyduck-Huth: Pele und das neue Leben, 2. Auflage, Verlag Ernst Kaufmann, Lahr / Schwarzwald 2002. ISBN-13: 978-3780604156; geeignet für Kinder im Alter von 5-10 Jahren.

Licht im Dunkeln

Ein schwarzes Rechteck in die Mitte legen:

Manchmal ist es in uns ganz dunkel.

Foto: © Susanne Betz

Gemeinsam überlegen, was uns zu dieser Farbe einfällt, welche Gefühle dazu passen und was dazu führen kann, dass sich die Dunkelheit in uns ausbreitet.

Das schwarze Rechteck vertikal in zwei Teile zerreißen:

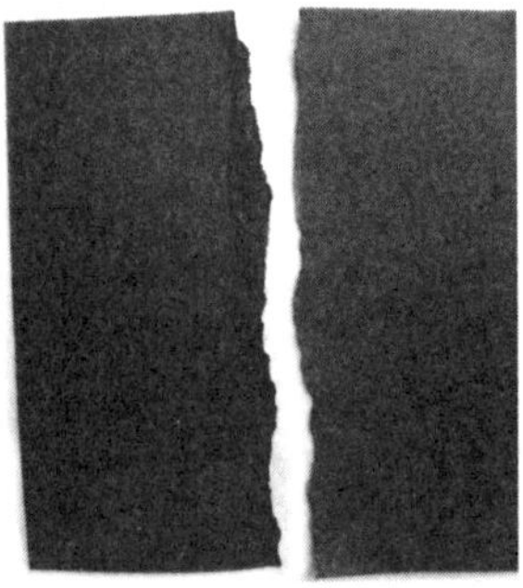

Etwas zerreißt unsere Dunkelheit. Ein Weg wird sichtbar.

Foto: © Susanne Betz

Gemeinsam überlegen, was in unsere Dunkelheit eindringen, sie zerreißen und einen Weg sichtbar machen könnte.

Die beiden Hälften noch einmal zerreißen – dieses Mal horizontal:

Das Kreuz weist uns den Weg durch die Dunkelheit.

Foto: © Susanne Betz

Gemeinsam über das Symbol des Kreuzes nachdenken, sich an Jesu Tod und Auferstehung erinnern, überlegen, wie uns das durch die Dunkelheit hindurch helfen kann.

Einen Friedhof besuchen
Friedhöfe sind besondere Orte. Sie sind durch Mauern, Hecken o.Ä. von unseren alltäglichen Lebensräumen abgegrenzt. Sie sind ein Ort des Todes. Sie zeigen die Vergänglichkeit des Lebens auf. Zugleich sind sie voller Leben: Blumen blühen, Bäume spenden Schatten, Vögel singen, Menschen begegnen sich oder suchen Abgeschiedenheit. Friedhöfe sind ein Ort des Erinnerns. Viele Menschen fühlen sich hier den Verstorbenen besonders nahe. Friedhöfe können ein Schutzraum sein, ein Ort des Trostes und der Hoffnung. Viele Gräber sind mit Symbolen geschmückt, die auf ein Leben nach dem Tod hinweisen. Im November (Allerheiligen / Allerseelen und Ewigkeitssonntag) werden die Gräber in der Regel schön geschmückt. So lohnt es sich besonders, mit den Kindern auf den Friedhof zu gehen.

Für diesen kleinen Ausflug braucht es ein wenig Vorbereitung. Das Team kann sich am Friedhof einige Gräber aussuchen, die die Auferstehungshoffnung besonders eindrücklich zeigen. Diese Gräber können den Kindern in einer kurzen Führung gezeigt und die Symbole mit den Kindern erschlossen werden. Danach können die Kinder ein wenig Zeit bekommen, sich umzuschauen und das Grab auszusuchen, das ihnen am besten gefällt oder das sie besonders interessiert. Im Anschluss dürfen die Kinder »ihre« Gräber vorstellen und ihre Wahl begründen. Das Psalmgebet oben und der Segen schließen den Friedhofsgang ab.

Weitere Anregungen für einen Gang über den Friedhof:
Symbole entdecken: Wie viele verschiedene Zeichen und Symbole lassen sich auf Grabsteinen und den Gräbern entdecken? Was könnten sie über das Leben und den Tod erzählen wollen? Welche Symbole drücken Hoffnung aus, welche Klage?

Pflanzen deuten
Auf einem Friedhof finden sich viele unterschiedliche Pflanzen. Gemeinsam überlegen: Welche Pflanzen (er-)kenne ich? Weiß ich etwas über ihre symbolische Bedeutung? Warum steht gerade diese Pflanze hier auf dem Friedhof?

Eine Kerze anzünden und beten:
Gott, du hältst uns alle in deiner Hand, die Lebenden und die Toten. Wir denken jetzt besonders an … Wir wissen ihn / sie bei dir. Das tröstet uns. So bleibe auch bei uns. Amen.

Stichworte:
Auferstehung, Friedhof, neues Leben, Sterben, Tod, Trauer, Trost, Weizenkorn / Samenkorn, Zeit

Susanne Betz

Im Kleinen das Große sehen
Advent und Weihnachten nach Lukas

01.12.2019
(1. Advent)
Großes Erstaunen:
Zacharias und Elisabeth
(Lukas 1,5-23.57-80)

08.12.2019
(2. Advent)
Bereit für Großes:
Die junge Maria
(Lukas 1,26-38)

15.12.2019
(3. Advent)
Das kleine Kind weiß schon:
Maria bei Elisabeth
(Lukas 1,39-56)

22.12.2019
(4. Advent)
Große Nachricht für kleine Leute:
Engel und Hirten
(Lukas 2,1-14)

24./25./26.12.2019
(Heiligabend/Weihnachten)
Der große Gott im kleinen Kind:
Die Geburt Jesu
(Lukas 2,15-20)

29.12.2019
(1. Sonntag nach Weihnachten)
Im Kleinen das Große sehen:
Simeon und Hanna
(Lukas 2,21-40)

Didaktische Klammer

Zacharias, einem alten, kinderlosen Tempelpriester in Jerusalem, begegnet unerwartet Gottes Nähe in Gestalt eines Engels. Er muss so lange verstummen, bis er im Kind Johannes Gottes große Barmherzigkeit gegenüber Elisabeth *sieht*. Erfüllt von Gottes Geistkraft lobt er: Johannes, du wirst groß sein vor Gott. Du wirst Prophet des Höchsten genannt werden. Du wirst Gott vorangehen und dem Volk. Und sie werden davon befreit, Unrecht zu tun, weil Gott von Herzen mit uns barmherzig ist. Und weil Gott in der Familie reichlich gelobt wird, wächst Johannes und wird stark im Geist.

Gabriels Botschaft an Maria: »*Siehe*, du wirst schwanger werden und einen Sohn gebären, und du sollst ihm den Namen Jesus geben. Der wird groß sein und Sohn des Höchsten genannt werden.« Maria fragt erstaunt: »Wie soll das zugehen ohne Mann?« Wie am Anfang der Schöpfung wird die Geistkraft Gottes in Maria neu schöpferisch tätig. Gott hat viele Möglichkeiten. Maria stellt sich mit Entschlossenheit und Demut wie eine Prophetin Gottes Wirken zur Verfügung.

Maria begrüßt Elisabeth mit dem Gruß des Engels. Und was sie spürt in ihrem Bauch, ruft sie heraus: *Siehe*, da ich die Stimme deines Grußes hörte, hüpfte das Kind vor Freude in meinem Leib. Elisabeth preist den Glauben Marias.
Maria stimmt in den Lobgesang der Hanna (1 Samuel 2,4-8) ein, obwohl das Kind noch gar nicht geboren ist: Was immer schon galt, wird sich wieder erfüllen: Gott erniedrigt und erhöht. Maria dankt Gott für Gottes Barmherzigkeit, um die sie ihn gar nicht gebeten hatte. Gegen die Feinde der Barmherzigkeit Gottes singen beide ganz ähnliche Lieder!

Lukas erzählt seine Geburtsgeschichte in bewusster Konkurrenz zum Herrscherkult des Römischen Imperiums. Dabei sind die Hirten als Repräsentanten des Volkes Israel die Ersten, die die Botschaft vom Davidssohn als Heiland durch einen Engel erfahren. Sie sind biblisches Vorbild für Führungs- und Leitungskompetenzen im Sinne Gottes (Psalm 23). Das Kind in der Krippe ist selbst *sichtbares* Zeichen für die Botschaft »Uns ist ein Kind geboren«. In diesem Kind ist Gottes Nähe zu seinen Menschen spürbar.
Relativ unsentimental erzählt Lukas von Gottes Handeln im Lebensalltag. Kein harter Winter, kein verzweifeltes Suchen nach einer Herberge. Sondern in der Herberge ist nur noch Platz im Vorraum bei den Tieren. Erst die himmlische und irdische Deutung der Geburt lässt das revolutionäre Geschehen dieser Geburt staunend begreifen.

In der Weite des Jerusalemer Tempels wird die alte Sehnsucht nach dem kommenden Messias, dem Friedensbringer wachgehalten. Hierher bringen die Eltern Jesus nach 40 Tagen, wie es geboten war.
Für die beiden alten Menschen Simeon und Hanna erfüllt sich ihre Wartezeit und ihre Treue zum Gottesdienst.
Sie *sehen mehr* als die Jungen. Sie haben nicht aufgehört, von einer besseren Welt Gottes zu träumen. Sie erleben die Freude ihres Lebens am Ende ihres Lebens. Und Hanna wird wie die Hirten zur Verkünderin der Botschaft von der Erlösung Jerusalems.

Liturgische Gestaltung

Zusammenkommen – sich Gott zuwenden

Magnificat

Marias Loblied: Großes hat Gott an mir getan (Lukas 1,46-55)
Call and Response: Die einzelnen Zeilen werden jeweils laut gelesen und von allen gemeinsam mit den entsprechenden Bewegungen wiederholt.

Text	**Bewegungen**
Meine Seele erhebt den HERRN, und mein Geist freuet sich Gottes, meines Heilandes; denn er hat die Erniedrigung seiner Sklavin *gesehen.*	*Die Arme nach oben öffnen.*

Siehe, von nun an werden mich selig preisen alle Kindeskinder.	
Denn er hat große Dinge an mir getan, der da mächtig ist und dessen Name heilig ist.	*Dabei die Arme vor der Brust verschränken.*
Und seine Barmherzigkeit währet für und für bei denen, die seinen Namen fürchten.	*Dabei die Arme zur Seite ausstrecken.*
Er hat Gewaltiges bewirkt, und mit seinem Arm die auseinandergetrieben, die ihr Herz darauf gerichtet haben, sich über andere zu erheben. Er hat Mächtige von den Thronen gestürzt und Erniedrigte erhöht. Hungernde hat er mit Gutem gefüllt und Reiche leer weggeschickt.	
Er hat sich Israel, seines Sklavenkindes, angenommen und sich an seine Barmherzigkeit erinnert, wie er sie unseren Vorfahren zugesagt hatte: Sara und Abraham und ihren Nachkommen für alle Zeit.	*Dabei die Hände zu einer Schale formen.*

Erzähl-Dankgebet mit Nüssen

In den lukanischen Erzählungen dieser Einheit entdecken Menschen immer wieder neu Überraschendes aus Gottes großen Möglichkeiten.

Ein violettes Tuch wird in die Mitte gelegt. Darauf ein Korb mit unterschiedlichen ungeöffneten Nüssen.

In der harten Schale verborgen liegen leckere Nüsse.
Manchmal öffnet sich die Nuss-Schale ganz leicht, manchmal schwer.
Aber immer wieder bin ich überrascht und freue mich, wenn ich eine duftende und gut schmeckende Nuss darin finde.

So überrascht uns Gott auch immer wieder neu.

Erinnere dich:
Was habe ich Überraschendes in dieser Woche entdeckt?

Suche dir eine Nuss aus und lege sie auf das Tuch.
Wer mag, kann von dieser Überraschung erzählen und Gott dafür danken.

Hören und Antworten

Gesungenes Glaubensbekenntnis

Die lukanischen Erzählungen für die Advents- und Weihnachtszeit sind geprägt von einer großen Hoffnung auf die sich durchsetzende Gerechtigkeit Gottes.
Einer starken Hoffnung auf das Ende der Unrechts- und Gewaltgeschichte durch Gottes Nähe im Messias Jesus.

Diese starke Hoffnungshaltung spiegelt auch das CREDO-Lied aus El Salvador wieder:

Lied: Ich glaube fest, dass alles anders wird

2. Ich glaube fest, dass Gott die Liebe ist,
und dass er an der Liebe alles misst.
Ich glaube fest, das Ziel ist nicht mehr weit,
ich hoffe auf die Zeit voll Frieden und Gerechtigkeit.

3. Ich glaube fest an Gott und seine Macht,
dass er sein Volk behütet und bewacht.
Ich glaube fest, Gott macht die Menschen frei
von Schmerzen und Geschrei, und alle Angst ist dann vorbei.

4. Ich glaube fest. Ein neues Lied stimmt an,
ein Liebeslied, dass jeder singen kann.
Ich glaube fest, das Ziel ist nicht mehr weit
ich hoffe auf die Zeit voll Frieden und Gerechtigkeit.

Text: © Martin Bogdahn, nach dem Lied: »Yo tengo fé que to do cambiara« aus El Salvador
Melodie: aus El Salvador

Tipp

Dirk Schliephake: Ich glaube trotzdem. Von der Hoffnungskraft des Glaubensbekenntnisses. Eine Orientierungshilfe für Kindergottesdienst-Mitarbeitende, das Apostolische Glaubensbekenntnis als Wegweiser zu den biblischen Hoffnungs- und Widerstandsquellen zu entdecken.
KIMMIK-PraxisGreenLine13. www.michaeliskloster.de

Kurzgeschichte

Die Erzählung kann in ein Gespräch mit Kindern führen: Im Kleinen das Große sehen! Wie ist das möglich?

Es war eine stille Geburt. Kein Messinstrument piepste. Die ersten Sonnenstrahlen tauchten das Krankenhauszimmer in ein warmes Licht.
Die Oberärztin horchte unser neugeborenes Menschenkind ab. Es lag auf dem Bauch meiner Frau. Nichts war zu hören. Ich sah nur diese graue Hautfarbe.

Wir hatten diesen Moment erwartet. Nach dieser harten Diagnose:
»Ihr Kind wird wahrscheinlich im Mutterleib sterben, spätestens aber bei der Geburt.«
Ein Kind erwarten auf Abschied hin. Für uns gab es keine Alternative. Dieses Kind darf leben, solange es leben kann.

Die Schwangerschaft verlief ohne Probleme. Unser drittes Kind. Die beiden anderen Kinder haben wir vorbereitet, so gut wir es eben konnten.
Auch allen, die sich freuten – »O, wie schön, wieder ein Kind!« – haben wir die Wahrheit erzählt. Meistens verstummten die Menschen.

Und dann die Geburt. Keine Hektik, keine Rettungsversuche.

Und nun lag unser Kind da. Regungslos. Stumm.
Die Oberärztin dreht sich um: »Ich denke, sie sollten ihr Kind nun taufen.«
Ja, das wollten wir gerne. Unser Kind sollte getauft sein, wenn wir es in Gottes Hände zurückgeben müssen.

Und dann standen wir mit Ärzten und Schwestern dort am Bett.
Wir beteten das Vaterunser.
Dann goss ich Wasser aus einem Krug in meine Hand und dann auf das kleine Menschenkind: »Anastasia, ich taufe dich im Namen des Vaters und des Sohnes und des Heiligen Geistes.«
In diesem Moment färbte sich ihre Haut rosafarben, unser Kind schrie aus voller Kehle. Es konnte selbstständig atmen.
Alle hatten Tränen in den Augen. Ein wenig Wasser, unser Vertrauen und Gottes große Barmherzigkeit.

Dirk Schliephake

Kreative Ideen

Im Advent werden viele Kindergottesdienste häufig durch reine Krippenspielproben ersetzt. Wie schade! Aber es geht auch anders:
In den ersten vier liturgisch gestalteten und gefeierten Kindergottesdiensten wird die Erzählung als Krippenspielszene vertiefend inszeniert.
So wächst Sonntag für Sontag ein biblisches Krippenspiel, das am Heiligen Abend von Kindern und Mitarbeitenden ohne großen zusätzlichen Aufwand zur Darstellung kommen kann. Mehr noch: Kindergottesdienste gewinnen an Attraktivität für neue Kinder, wenn eine Beteiligung beim Krippenspiel damit verbunden ist.
So begegnen Kinder den biblischen Krippenspiel-Szenen im Rahmen schöner Adventsgottesdienste ganz intensiv und können sich dort mit den theologischen Inhalten ganzheitlich, kindgerecht und kreativ auseinandersetzen.
In 2-3 weiteren Proben kurz von Heiligabend wird das Krippenspiel um die lukanische Weihnachtsgeschichte ergänzt.

1. Advent – Großes Erstaunen: Zacharias und Elisabeth

Singende Torprozession I

Sich wie Elisabeth und Zacharias auf ein Kind freuen und staunen über Gottes Barmherzigkeit wie die Nachbarn und Verwandten: Dieses Kind wird ein Wegbereiter Gottes sein! Am 1. Advent wird diese Freude gemeinsam erfahrbar mit dem Adventslied: **Macht hoch die Tür, die Tor macht weit.** (EG 1)

Alle ziehen singend in einer Torprozession durch die Kirche vom Eingang bis zum Altarraum: **Macht hoch die Tür, die Tor macht weit. Es kommt der Herr, der Herrlichkeit!**

Immer zwei Menschen stehen sich gegenüber, reichen einander die Hände und bilden damit einen Torbogen. Das letzte Paar zieht zuerst hindurch und bildet am Ende wieder einen neuen Torbogen. Die anderen folgen sofort hinterher.

2. Advent: Bereit für Großes: Die junge Maria

Singende Torprozession II

Die Torprozession macht sich mit dem Anfang der 2. Strophe (EG1.2) wieder auf den Weg: **Er ist gerecht, ein Helfer wert, Sanftmütigkeit ist sein Gefährt.**

Jedem Paar, das durch die Torbogen geht, wird vom jeweils letzten Paar mit einer freien Bodenhand sanft der Rücken gestärkt.

So können sie am Torausgang erhobenen Hauptes und aufrecht wie Maria stehen: Siehe, ich bin bereit. Es soll geschehen, wie du gesagt hast.

3. Advent: Das kleine Kind weiß schon: Maria bei Elisabeth

Singende Torprozession III

Die Torprozession macht sich mit dem Anfang der 3. Strophe (EG1.3) wieder auf den Weg: **O Wohl dem Land, o Wohl der Stadt, so diesen König bei sich hat.**

Jedem Paar, das durch die Torbogen geht, macht nach dem letzten Torbogen einen Freudensprung.

Das Magnificat auf Stoffwindeltücher malen

Auf weißen Windel-Baumwolltüchern (50 x 50 cm) malen Kinder mit Stoffmalfarben oder Ölkreiden die Visionen Marias: Bilder von der Umkehr aller Verhältnisse, die mit dem Kommen Gottes geschahen und geschehen.

Die gestalteten Windeln werden beim Krippenspiel an Heiligabend in der Kirche aufgehängt. So steht allen Gottes Gerechtigkeit vor Augen.

4. Advent: Große Nachricht für kleine Leute: Engel und Hirten

Singende Torprozession IV

Die Torprozession macht sich mit dem Anfang der 5. Strophe (EG1.5) wieder auf den Weg: **Komm, o mein Heiland Jesu Christ, meins Herzens Tür dir offen ist.**

Jedes Paar, das durch den letzten Torbogen geht, öffnet vom Herzen aus weit beide Arme in die Höhe – wie die Hirtinnen und Hirten!

Heiligabend / Weihnachten

Lichtinszenierung
Um in die Dynamik der biblischen Advents- und Weihnachtserzählung mit hineingenommen zu werden, sollten die Kerzen am Weihnachtsbaum erst während des Krippenspiels angezündet werden.
Zu Beginn brennen nur die Altarkerzen. Nach der Geburtsszene wird eine Kerze an der Krippe angezündet.
Wenn von den himmlischen Heerscharen erzählt wird, werden zu Instrumentalmusik die unteren Kerzen am Weihnachtsbaum entzündet, dann die elektrischen Kerzen eingeschaltet.

Torbogen-Prozession
Beim ersten Lied der Gemeinde (EG1.11-3+5) ziehen alle Krippenspieler/innen in der bekannten Torprozession mit Bewegungen ein und nehmen im Altarraum Platz.

1. Sonntag nach Weihnachten:

Kerzenritual zu Beginn
In der Krippe steht eine noch nicht brennende Kerze.

Liturg/in: Weihnachten begann in einer Futterkrippe.
Kleine Kerze an der Osterkerze anzünden. Mit dieser Kerze die Krippenkerze entflammen

Liturg/in: Weihnachten endete aber nicht im Stall.
Mit der Krippenkerze eine Weihnachtsbaumkerze entzünden

Liturg/in: Die Weihnachtsbotschaft entdeckten Menschen.
Erst waren es noch wenige. Hirten waren dabei.
Weitere Kerzen am Baum entzünden

Liturg/in: Aber es wurden immer mehr. Viel mehr.
Weitere Kerzen entzünden.

Liturg/in: Damit die Herrlichkeit Gottes auch unser Herz erleuchte und wir selbst zu Lichtträgern Gottes werden. Alte und Kinder, heute und alle Tage.

Alle: Amen
Alle Kerzen am Baum anzünden bzw. anschalten.

Weihnachtssegen
Simeon segnete Maria. Auch wir empfangen Gottes Segen und sollen ihn an andere weitergeben.
Bildet einen großen Kreis. Wir nehmen die Krippe hinein in diesen Kreis, auch den Christbaum, auch die Osterkerze. Ich lege meine Hände auf die geöffneten Hände meines linken Nachbarn und spreche:

Gott segne und erleuchte dich.
Dann drehe ich meine Hände um, mein Nachbar legt seine Hände auf meine und spricht:
Gott segne und erleuchte dich auch.
So geht der Segen durch den Kreis und kommt am Ende zu mir.

Stichworte:
Advent, Barmherzigkeit, Engel, Geburt, Hirten, Krippenspiel, Maria, Messias, Sehen, Weihnachten

Dirk Schliephake

Register

I. Bearbeitete Bibelstellen

II. Lieder (die mit Noten abgedruckt sind)

III. Stichworte 2019

IV. Liturgische Texte/Aktionen

Symbole

Basteln

Spielen

Werken

Theater

Essen

Theologisierendes Gespräch

Bibel

Gestalten mit Gegenständen

Malen

Miteinander – aneinander

Musik

Material im Internet

Rätseln